Sächsische Museen · Band 22
Verkehrsmuseum Dresden

www.Sachsens-Museen-entdecken.de

Verkehrsmuseum Dresden

Dresden. Mobile Welt erleben

Herausgegeben von
Joachim Breuninger und Katja Margarethe Mieth

SÄCHSISCHE LANDESSTELLE FÜR MUSEUMSWESEN

VERLAG JANOS STEKOVICS

Diese Publikation entstand mit Unterstützung des Freistaates Sachsen –
Sächsische Landesstelle für Museumswesen

LANDESSTELLE
FÜR MUSEUMSWESEN

Freistaat
SACHSEN

Inhalt

Vorwort

Das Verkehrsmuseum Dresden feierte 2012 sein 60-jähriges Bestehen. Das ist ein guter Anlass, auch einen neuen Katalog zu veröffentlichen.

In den vergangenen Jahren hat sich das Museum stark gewandelt, von einer Schausammlung für Studierende zu einem Erlebnisort für die ganze Familie, der einlädt, selbst aktiv zu werden. Und dieser Wandel geht weiter.

Der vorliegende Museumsführer erscheint genau zur richtigen Zeit und beleuchtet sowohl die Geschichte des Museums und des Ausstellungsgebäudes wie auch die Sammlungsbestände.

In einem sich wandelnden Museum ist die Sammlung der Ruhepol, der bestehen bleibt und kontinuierlich weiter ausgebaut wird. Die Exponate sind das Pfund, mit dem Museen auch zukünftig wuchern können.

Wenn es auch immer leichter wird, in kürzester Zeit digitale Informationen und Abbildungen zu jedem gewünschten Thema zu erhalten, so wird das Internet eines nie können: reale Objekte zu präsentieren.

In den letzten Jahren sind die Besucherzahlen in den deutschen Museen stark angestiegen. Das deutet bereits auf einen „material turn" hin, d. h. weg von den Bilderfluten des Cyberspace und zurück zur materiellen Kultur der realen Welt.

Der Katalogteil des vorliegenden Museumsführers zeigt einen repräsentativen Ausschnitt der Sammlungen des Verkehrsmuseums.

Ohne die großzügige Unterstützung der Landesstelle für Museumswesen hätte diese Publikation nicht verwirklicht werden können. Dafür bedanke ich mich herzlich bei allen Beteiligten.

Ich wünsche Ihnen auf Ihrer Lesereise durch die Geschichte des Museums und seiner Sammlungen viel Spaß und viele interessante Entdeckungen.

Ihr Joachim Breuninger
Museumsdirektor

Dampfross trifft Pferdestall

Vom Parkhaus des Kurfürsten zum Johanneum
1586–1945

Ohne Pferde ging nichts

Als Christian I. 1586 befahl, den „Neuen Stall" zu errichten, war Dresden seit rund hundert Jahren die ständige Residenz der sächsischen Herzöge, der Wettiner[1]. Das Dresdener Schloss war unter den vorherigen Herrschern umgebaut und erweitert worden, aber einen modernen repräsentativen Marstall für die Leib-Pferde der Kurfürsten gab es noch nicht.

Und das, obwohl das Pferd im 16. Jahrhundert noch immer das einzige Verkehrsmittel für Reisen durch die Lande war, wenn man nicht zu Fuß gehen wollte oder musste. Die sächsischen Herzöge reisten standesgemäß zu Pferd von Ort zu Ort oder zogen samt Gefolge (Tross) von einer Residenz zur anderen.

Überall auf den Burgen und Schlössern gab es Stallungen für die Pferde, einschließlich der dazugehörigen Wirtschaftseinrichtungen. Viele dieser Bauten sind im Laufe der Zeit umgebaut worden oder völlig verschwunden und nur noch auf alten Plänen zu finden.

Pferde waren ein Statussymbol und wurden sogar als künstlerische Darstellung zur Repräsentation von Macht eingesetzt. Paradepferde dienten den Herrschenden als beweglicher Thron oder wechselten als kostbare Geschenke den Besitzer.

Unter der Herrschaft seiner beiden direkten Vorgänger, den Kurfürsten Moritz und August, war Dresden bedeutend erweitert und ausgebaut worden.

Kurfürst August, Christians Vater, strukturierte nicht nur Wirtschaft, Justiz und Verwaltung in Sachsen neu[2]. Die von ihm begründeten Sammlungen, darunter Fürstenbibliothek, Waffensammlung und Kunstkammer[3], bildeten die Basis beispielsweise der Sächsischen Landesbibliothek (SLUB) oder der Staatlichen Kunstsammlungen Dresden. August war zudem als ausgezeichneter Reiter und Turnierfechter bekannt. Sein besonderes Interesse galt der Zucht edler Pferde[4], dafür gründete er 1563 mehrere Gestüte.

Christian I., der bereits seit 1580 an der Regierung beteiligt war[5], übernahm sie 1586 nach dem Tod seines Vaters ganz. Der junge Regent, er war gerade 25 Jahre alt, war ungemein baulustig und strebte „mit Hülfe des Schatzes seines Vaters nach großen Dingen"[6]. Auch er war ein Pferdeliebhaber, besonders liebte er Ritterspiele. So ließ seine erste Baumaßnahme nicht lange auf sich warten: der „Neue Stall".

Ein Palast für die Pferde

Nicht allein die Rosse sollten im „Neuen Stall" ausreichende und würdige Stallungen erhalten, sondern es war auch geplant in den Obergeschossen die Rüstkammer unterzubringen.

Außerdem fehlte dem Hof eine eigene Turnierbahn für die vielerlei ritterlichen Kämpfe und Spiele.

Wichtig war die Lage des Marstalls, der sich möglichst nah am Schloss befinden sollte. Die Wahl fiel auf eine Fläche an der ehemaligen Stadtmauer[7]. Dass reichlich fünfzig Jahre früher hier die Stadt endete, ist heute kaum vorstellbar.

Der „Neue Stall" zu Dresden, Andreas Vogel, 1623

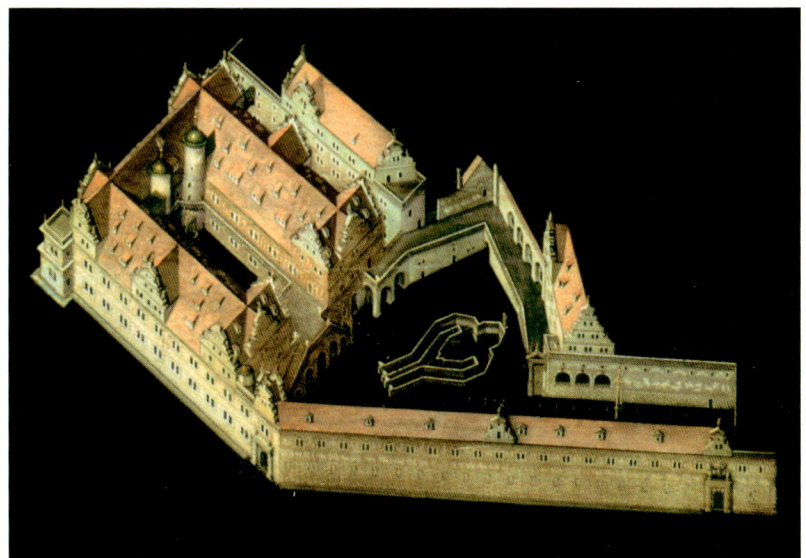

Die Frauenkirche befand sich vor der Erweiterung der Stadtbefestigung 1521–1529 noch außerhalb der Stadtmauern. Innerhalb der Stadt, doch nahe der Mauer und des Frauentors, stand die Synagoge, die dem Platz vor dem heutigen Verkehrsmuseum den Namen Jüdenhof gab. Nach mehreren Pogromen und der Ausweisung der Juden 1430 wurde das Bethaus u. a. als Gewandhaus und Waffendepot genutzt[8]. Das lang gestreckte Gebäude befand sich vermutlich zu dicht am Bauplatz des „Neuen Stalls" und wurde wohl aus diesem Grund abgerissen.

Das gleiche Schicksal teilten die 13 Häuser von Hofangestellten auf dem geplanten Baugrundstück, die Christian I. für 6571 Gulden und 15 Groschen[9] zur Platzgewinnung aufkaufen ließ.

„Anno 1586, den sechsten Tag Junii ist im Namen der Heiligen Dreifaltigkeit [...] der erste Stein an diesem churfürstl. sächs. Stall: und Harnisch-Cammer-Bau"[10] gelegt worden. Der im Staatsarchiv Dresden überlieferte Text besagt weiter, dass die feierliche Grundsteinlegung persönlich durch Kurfürst Christian I., den Stallmeister Nikol von Miltitz (1532–1595) und den Zeug- und Baumeister Paul Buchner (1531–1607) vollführt wurde.

In der enorm kurzen Bauzeit von nur einem Jahr war das Stallgebäude fertig gestellt. Für die Ausführung standen dabei in Dresden ausgezeichnete Künstler und Fachleute wie der Bildhauer Giovanni Maria Nosseni (1544–1620), der Maler Heinrich Göding (1531–1606) oder der zuvor genannte Paul Buchner zur Verfügung.

Schon im Juli 1587 erhielt der Stallmeister den Auftrag, mit den Pferden von Dippoldiswalde wieder nach Dresden zu ziehen[11].

Entstanden war „ein Roßstall, daß deren gleich, nicht gefunden wird im heiligen Reich"[12] dichtete 1591 der kurfürstliche Postreiter Daniel Wintzenberger, nachdem er den soeben fertig gestellten Stallkomplex besichtigt hatte. So begeistert klingen die Schilderungen in Reiseberichten über die folgenden Jahrhunderte immer wieder.

Wie das Gebäude einst aussah, ist nach den häufigen Umbauten nur noch schwer vorstellbar. Ursprünglich bildeten drei hufeisenförmig um den Innenhof angeordnete Gebäudeflügel den Stall. Die zur Rennbahn offene Seite verband ein Altan mit Seiten-

Des großen Stalls zu Eisgrüb linker Flügel. von innen anzusehen.

L'aile gauche de l'Ecurie grande à Eisgroub du dedans.

Ähnlich zeigte sich dem Besucher auch der Dresdener Marstall – Blick in die linke Halle des 1687/88 erbauten Großen Marstalles von Schloss Eisgrub (heute Lednice, Tschechien) Kupferstich von Johann Adam Delsenbach, 1720

treppen. Heute noch im Lichthof sichtbar sind die halbrunden Wandnischen der früheren Wendelsteine, über die man in die oberen Stockwerke gelangte. Das 1623 vom Hofmaler Andreas Vogel geschaffene Abbild des „Neuen Stalls" zeigt zwei der ebenfalls unverändert erhaltenen Rustica-Portale. Auf dem Gemälde gerade noch zu erkennen ist der Brunnen im Innenhof. Die Eckbastionen an der Hauptfassade zum Jüdenhof verweisen auf den Verteidigungszweck, den das Gebäude als Teil des Schlosses auch hatte[13].

Das Erdgeschoss mit den weit oben liegenden Stallfenstern sieht heute noch am ursprünglichsten aus. Mächtige steinerne Säulen tragen die hohe Gewölbedecke und säumen den breiten Stallgang. Rechts und links davon waren 128 Pferdestände eingerichtet, zwischen zwei Säulen fanden jeweils drei Pferde Platz[14].

Wintzenberger benennt weiter mit Eisen beschlagene Pferdestände, darin die „wie gemalt" stehenden Rösser – geordnet nach Geschlecht und Gestalt[15]. An 24 Säulen gab es kunstvoll verzierte Wasserhähne mit Pferdemotiven und muschelförmige steinerne Becken darunter, die durch eine bleierne Wasserleitung versorgt

wurden. Zum Füttern waren mit Eisen beschlagene Futterrinnen „und eitel Eyserne Rauffen darbei, darin man Heu thut werffen und messen, das die Pferde haben zu essen"[16]. Der Boden war mit Platten aus Pirnaer Sandstein ausgelegt. Äußerst praktisch war die hydraulische Stallreinigung. Durch unterirdisch angelegte Kanäle wurde der abgeflossene Unrat in die Elbe fortgeschwemmt. Schmuckvolle Malereien vollendeten die Innenausstattung, wie Rechnungen von 1587 „für Gemälde am neuen Stall in und auswendig"[17] belegen.

Luxuriös setzte sich die Einrichtung im Stockwerk darüber fort. Auf der Südseite in Richtung Jüdenhof befanden sich zwei Fürstengemächer mit Fußböden und Tischen aus kostbaren Materialien, sogar die Bettstellen waren aus Marmor[18].

Da das Gebäude auch die Waffensammlung als Grundstock der Rüstkammer sowie weitere Sammlungen beherbergen sollte, waren die übrigen Flächen der ersten Etage und die drei Dachgeschosse in zahlreiche Kammern für Sättel, Waffen, Schlitten und Inventionszubehör aufgeteilt. Der Bau war bis unter das Dach „mit mancherley Vorrath solcher Sachen erfüllet, die zur Außzierung der Pferde dieneten, in ganz zierliche Ordnung gebracht, von Rüstung und Roßschmuck, Kriegs-Geräthe, Pantzer-Hembden, Zäumen und Sätteln von dichten Golde oder Seide gestickt ..."[19].

Die Arkaden des Langen Ganges im Stallhof, ausgeschmückt mit Gemälden des Hofmalers Heinrich Göding, 1680

Nun fehlte nur noch eine Art Fußgängerbrücke als Verbindung zwischen dem alten Schloss und dem „Neuen Stall". Wahrscheinlich stammte die geniale Idee einer eleganten Arkadengalerie von Nosseni, da er ganz ähnliche Bauten von Florenz her kannte[20]. Die fertig gestellte Galerie hatte zwei Stockwerke. Das gewölbte Erdgeschoss, getragen von 22 toskanischen Säulen, war zum Hof hin offen und bot den Zuschauern künftiger Turniere Schutz.

Die Zwickel oberhalb der Säulen zierten die 22 Wappen der sächsischen Länder. In späterer Zeit wurden darunter noch Hirschgeweihe aufgehängt[21]. Die Außenseite füllte ein gemalter Triumphzug, der Vorläufer des Fürstenzugs. Das Hauptgeschoss war hervorragend als Repräsentationsraum geeignet, so richtete Christian I. hier ganz passend die Ahnengalerie ein.

Der so entstandene hundert Meter „Lange Gang" folgte dem Verlauf der alten Stadtmauer bis zum Georgenbau. Im abgeschlossenen Innenhof sollten ritterliche Übungen stattfinden, wie noch heute auf dem Monument über dem Jagdtor zu lesen ist.

Ab September 1589 veranstaltete Christian I. hier Turniere und Ringrennen[22]. An den beiden bronzenen Säulen im hinteren Drittel des Hofs wurden Ringe oder andere Ziele platziert, welche die Kämpfer mit ihren Lanzen nach strengen Regeln treffen mussten.

Weiter vorn, nah am Stall war der viel breiter angelegte Wirtschaftsbereich, wo reges Treiben herrschte: Kutschen und Wagen fuhren vor, Pferde wurden gezäumt und eingespannt oder zum Waschen in die Schwemme geführt.

Die doppelläufige Pferdeschwemme, auf dem Gemälde von 1623 gut erkennbar, zog natürlich die Aufmerksamkeit der Besucher auf sich, die hier eine Fontäne vermuteten.

Damit der Kurfürst und seine Gäste bequem zu Pferd das Obergeschoss erreichen konnten, errichtete Buchner eine Reitertreppe. Sie begann im Hof neben dem Kanzleihaus und führte schneckenförmig rund um die Schwemme nach oben. Mit Kutschen konnte die Rampe jedoch nie befahren werden, dafür war der durchschnittliche Anstieg von 11,5 Prozent (auf den ersten fünf Metern waren es sogar 22,5 Prozent) viel zu steil. Von hier aus hatte der Kurfürst eine gute Sicht auf das Treiben im Hof und blieb selbst dabei unbeobachtet.

Bis zur Vollendung des „Langen Gangs", der Rennbahn sowie der künstlerischen Ausgestaltung vergingen fünfeinhalb Jahre, in denen rund 2000 Arbeiter und Handwerker beschäftigt waren. Zum Vergleich: Dresden zählte um 1580 ungefähr 7500 Einwohner[23]. Die Gesamtsumme für den Bau betrug 200 000 Thaler, einschließlich der Kosten für die angekauften Häuser. Für alle Neubauten des Stallensembles gab es italienische Vorbilder, an denen sich der sächsische Kurfürst orientierte. Die Renaissance war in Mode, nicht nur im Kurfürstentum Sachsen. Damit erhob Christian I. seine Residenzstadt auf eine Stufe mit Kunstmetropolen wie Prag oder Florenz.

Zu Besuch im Marstall

Pferde mussten zu jener Zeit viel mehr leisten und standen weniger im Stall als Freizeittiere heute. Nicht nur als Reit- und Wagenpferde, auch zum schweren Arbeitsdienst und dem Transport von Baumaterialen wurden Pferde des kurfürstlichen Stalles eingesetzt. Der Marstall stellte sie für Reisen, für Prozessionen z. B. bei Begräbnissen, zur Kaiserwahl sowie für Reiterspiele und Kriegsdienste bereit. Gerade für Turnierpferde war eine besonders langwierige, vielseitige und sorgfältige Dressur nötig. Die Karossen wurden mehrspännig gefahren, die Pferde sollten dafür möglichst von gleicher oder ähnlicher Größe und Farbe sein.

Nicht nur im Schloss, auch im Marstallgebäude wurden die edlen Gäste des Hofes von Christian I. und den nachfolgenden Regenten willkommen geheißen. Kurfürst Christian I. starb bereits 1591 nach nur fünfjähriger Herrschaft[24]. Zu dem Zeitpunkt waren Marstall und Stallhof gerade fertig geworden.

Nach dem prunkvollen Empfang nebst Begrüßungstrunk aus eigens dafür angefertigten Pokalen gingen die Gäste auf eine Besichtigungstour, die von Nosseni genauestens inszeniert war. So berichtet der Burggraf zu Dohna in seinen Aufzeichnungen der Reihenfolge nach, was er gesehen hatte. Zuerst beschrieb er das herrliche Stallgebäude, danach die Einrichtung der drei Ställe. Fortgesetzt wurde der Parcours im Obergeschoss, wo er viele Einzelstücke der Rüstkammer sowie der „Gallery sehr lang, Schöne Gemäld" erblickte. Weiter notierte er: „Aus der Gallery kann man ins Schloß gehen; dabei liegt auch die Canzley.". Nachdem der Burggraf noch Schloss, Brücke und Zeughaus gesehen hatte, wurde er in die Kunstkammer eingelassen[25]. Ganz ähnlich lauten die bekannteren Schilderungen des „Kunstagenten" Philipp Hainhofer (1578–1647), der Dresden im Jahr darauf besuchte. So wurden einer ausgewählten Öffentlichkeit im Marstallgebäude bereits seit seiner Entstehung Sammlungen präsentiert, die mit der Zeit immer stärker musealen Charakter annahmen. Damit zählt das Haus nicht nur zu den „sieben Wunderwerken von Dresden"[26], sondern ist auch das erste Museumsgebäude der Stadt.

Pferde und Kunstwerke unter einem Dach

Unter den nachfolgenden Kurfürsten fanden lange Zeit keine Veränderungen am Stallgebäude statt, bis schließlich Friedrich August I. (1670–1733), besser bekannt als August der Starke, 1694 die politische Bühne betrat. Unter seiner Regierung wurde die Hofhaltung verschwenderischer, die Feste prachtvoller und auch die Kunstsammlungen größer als je zuvor.

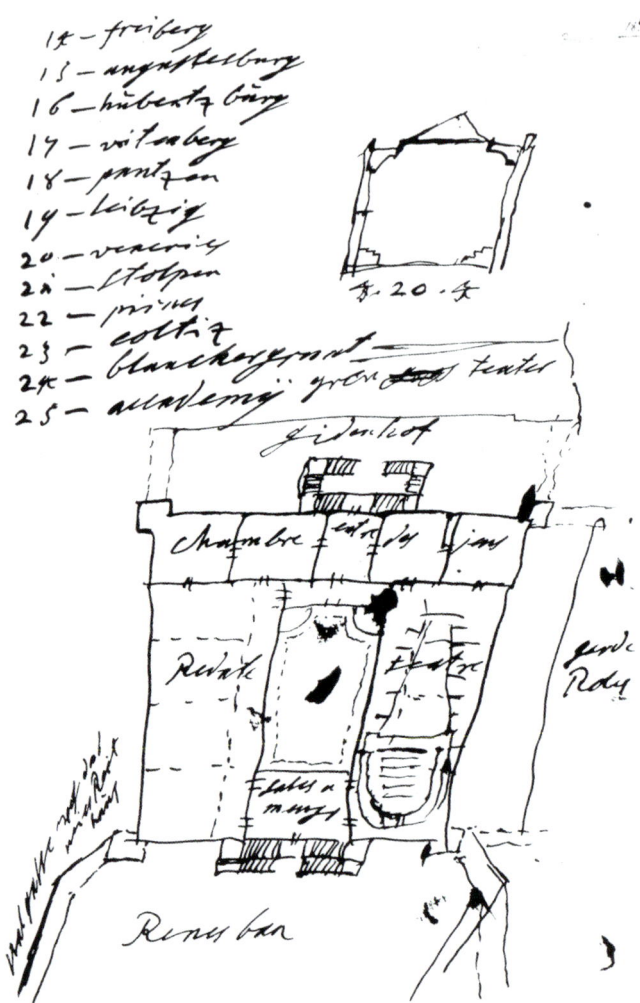

Planungs-
skizze von
August
dem Star-
ken zur
Umgestal-
tung des
Marstall-
gebäudes,
um 1720

Der sächsische Kurfürst, der 1697 die polnische Krone errang
und nun August II. hieß, hatte bekanntlich zahlreiche Interessen
und Leidenschaften. Von wirtschaftlicher Bedeutung für Sachsen
waren seine Verordnungen, die Steuern, Landesvermessung, Ver-
kehrsregelung (s. S. 84 Postmeilensäulen) und Straßenbau betrafen. Letztere wurden sicherlich durch die zahlreichen Reisen per
Kutsche auf den mehr oder weniger gut befestigten Straßen zwi-

schen Dresden und Warschau beeinflusst. Die Leidenschaft jedoch für das Bauen und Sammeln teilte er mit seinem Vorfahren Christian I.

In die Zeit um 1720 fallen seine ersten Pläne, die ererbten und selbst zusammengetragenen Schätze neu zu ordnen. August der Starke beschäftigte sich ganz ernsthaft mit verschiedenen Museumskonzepten, deren Aufbau er eigenhändig skizzierte. Erhaltung und Vermehrung der Kunstschätze wurden zu seiner Lebensaufgabe. In die Planung bezog er zwar schon das Stallgebäude mit ein, doch nicht zur Unterbringung von Sammlungen oder als Gemäldegalerie. Hier befand sich noch immer die Rüstkammer, die im Laufe des 17. Jahrhunderts einen deutlichen musealen Charakter angenommen hatte. Das kriegerische Gepräge der Turniere hatte sich zum galanten Geschicklichkeitsspiel verfeinert, an dem auch Damen teilnahmen, z. B. am Karusselreiten. Für Prunkwaffen hatte man keine Verwendung mehr.

Bereits am 17. November 1722 wurde begonnen, die „kostbahren Sachen vom Stalle und Rüstkammer einzupacken"[27] und in andere königliche Bauten auszulagern, um Platz für den Umbau zu gewinnen.

August der Starke plante, die antiken Fürstengemächer in ein modernes Quartier für seine edlen Gäste umzuwandeln. Gleichzeitig wollte er damit weitere Säle für seine Festivitäten schaffen. Doch der Königliche Stall im Erdgeschoss blieb nach wie vor bestehen, für die Pferde und den Stallbetrieb änderte sich nichts. An einen Umbau zur Bildergalerie wurde noch nicht gedacht, die wertvollen Gemälde schmückten vorwiegend die Wände im Schloss.

Im April 1729 begann schließlich der lang geplante Umbau mit dem Abbrechen des Daches. Innerhalb von nur neun Monaten wurden eine weitere Etage und das neue Dach aufgesetzt. Zwischen den Erkern an der Fassade zum Jüdenhof wurde von Mai bis Anfang September 1730 eine doppelläufige Freitreppe angebaut[28]. Die häufig verwendete Bezeichnung „Englische Treppe" übernahm man vom damals in England gerade modern gewordenen palladianischen Stil mit klarer, symmetrischer Gliederung[29]. Wogegen der gleiche Name der Treppe im Dresdener Schloss vom Empfang des englischen Gesandten 1693 an diesem Platz herrührt.

Auch der Altan auf der Nordseite zum Stallhof hin wurde abgebrochen und ebenfalls durch eine breite doppelte Treppe ersetzt.

Mit der Feier des 24. Geburtstags von Gräfin Anna Orzelska (1707–1769), einer Tochter Augusts des Starken, weihte man am 26. Juli 1731 das Gebäude ein[30]. In den folgenden Jahren fanden hier im erlauchten Kreis zahlreiche Feste und Galas statt.

Kunstgenuss im Stall

Noch hingebungsvoller als sein Vater zeigte sich Friedrich August II. (1696–1763), als polnischer König August III., was die Malerei betraf. In ganz Europa ließ er nach besonderen Kunstwerken forschen und versuchte diese zu erwerben.

Spektakulär war 1745 der Ankauf der 100 bedeutendsten Bilder der Modenesischen Galerie für 100 000 Zechinen. Raffaels (1483–1520) berühmte „Sixtinische Madonna" kam 1753 in Dresden an. Schon nach kurzer Zeit war die Gemäldesammlung durch große Ankäufe stark angewachsen. Ein eigenes Gebäude zur Unterbringung und Präsentation wurde nötig[31].

Seit jeher schmückte man die fürstlichen Wohn- und Repräsentationsräume mit Gemälden aus, so dass sich auch in den Festsälen im Stallgebäude zahlreiche „Schildereien" befanden[32]. Nach kurzer Zeit entstand schließlich der Plan, das Stallgebäude zur Bildergalerie umzubauen. Wichtige Gründe dafür waren die Nähe zum Schloss und die repräsentative Lage am Neumarkt, der sich durch den Bau der Frauenkirche 1742 immer mehr zur zentralen Bühne des Stadtlebens entwickelte. Sicher spielte für August III. auch die Möglichkeit eine große Rolle, von hier direkt über den Langen Gang in die Galeriesäle zu gelangen.

Im Frühjahr 1745 begann der nächste Umbau, diesmal nach Entwürfen des Oberlandbaumeisters Johann Christoph Knöffel (1686–1752). Eingeplant wurden dafür 60 000 Taler[33]. Die größte Veränderung war die Zusammenlegung der beiden oberen Etagen, was heute durch die hohen Arkadenfenster schon von außen sichtbar ist. Für die künftige Bildergalerie wurde die komplette Decke zwischen den beiden Obergeschossen entfernt, um einen ungeteilten, 12 Meter hohen Saal rings um den Innenhof zu schaffen. In

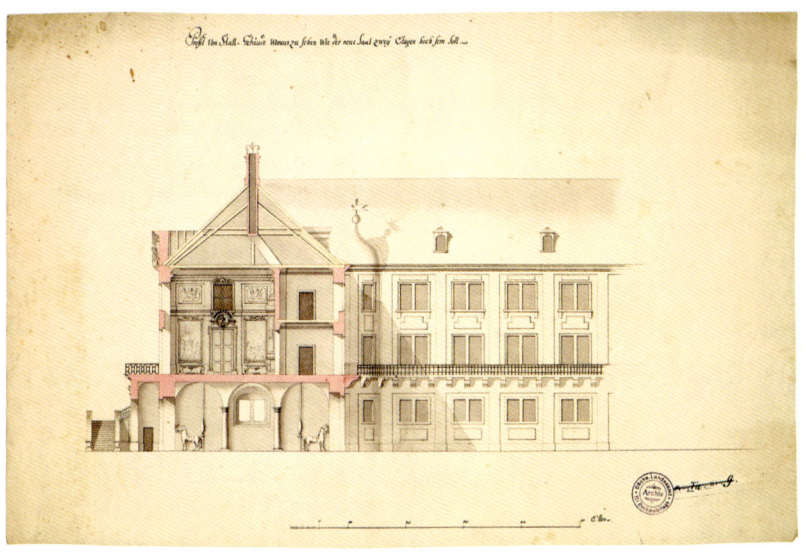

Die Bauzeichnung zeigt, dass der Pferdestall im Erdgeschoss von Baumaßnahmen unverändert blieb, gut sichtbar ist die neue Raumhöhe der Säle darüber, Johann Christoph Knöffel, vor 1745

der Mitte des Raumes errichtete man schließlich noch die tragende Trennwand, an der später die Gemälde hingen. So entstanden zwei getrennte Rundgänge durch die Ausstellung, die innere und äußere Galerie. Weitere bauliche Eingriffe während des zweiten Umbaus waren u. a. der Abriss der Eckbastionen und Wendelsteine an der Südseite im Innenhof sowie der Umbau der Treppe. Außerdem wurden an der Nordwestecke im Stallhof der neue Arkadenflügel angebaut und die Fassade zum Jüdenhof klarer gegliedert. Canalettos bekannte Ansicht des Neumarkts aus dem Jahr 1749 zeigt das Gebäude nach der Fertigstellung. Die Freitreppe wurde schon damals nur zu ganz besonderen Anlässen genutzt. Besucher der Galerie mussten vom Stallhof aus über eine der Wendeltreppen hinaufsteigen.

Für die Zeit des Baugeschehens wurden die Marstall-Pferde in andere Ställe gebracht und zogen nach Fertigstellung der Galerie wieder ein[34]. Wie lange das Parterre noch als Stall weitergenutzt wurde, konnte bisher nicht eindeutig geklärt werden.

Blick in die innere oder Italienische Galerie rund um den Licht-hof, 1830

Vue d'une partie de la Galerie royale de Dresde (appellée Galerie interieur ou italienne) comme elle duit à l'an 1830.

Im August 1746 trafen die neu erworbenen Gemälde aus Italien in Dresden ein. Noch im selben Jahr konnten sie zusammen mit der vorhandenen Bildersammlung im neu eingerichteten Galeriegebäude präsentiert werden. König August III. favorisierte die italienischen Maler, deren Werke in der inneren Galerie gezeigt wurden. Die äußere Galerie enthielt Gemälde niederländischer, französischer und deutscher Künstler.

Wie schon die Kunst- und Rüstkammer war auch die Bildersammlung der Öffentlichkeit zugänglich. Ab 1830 wurde den Bürgern an festgelegten Tagen sogar freier Eintritt in die Königlichen Sammlungen, das „Grüne Gewölbe" ausgenommen, gewährt[35]. Zahlreiche bekannte und berühmte Gäste besuchten die Galerie und hinterließen bewundernde und anerkennende Worte in Berichten und Autobiografien. Der junge Johann Wolfgang von Goethe (1749–1832) besichtigte mehrmals die Bildergalerie, das erste Mal 1768. Doch auch Friedrich II. von Preußen und seine drei Brüder, die preußischen Prinzen-Hoheiten, ließen sich 1756 nach ihrer Ankunft in Dresden durch die Galerie führen[36]. Das ehemalige Stallgebäude sah in dieser Zeit weitere berühmte Persönlichkeiten, darunter den zukünftigen Philosophen Arthur Schopenhauer (1788–1860)[37] und Kaiser Napoléon Bonaparte (1769–1821)[38].

Sicher besuchte auch der Ingenieur Johann Andreas Schubert (1808–1870), nach dessen Plänen u. a. die erste deutsche betriebsfähige Dampflokomotive „Saxonia" (s. S. 96) entstand, die Galerie. Seine Wirkungsstätte, die Königliche Technische Bildungsanstalt[39], war 1834 in das Nachbargebäude der Galerie an der Sporergasse eingezogen, als die ursprünglichen Räumlichkeiten auf der Brühlschen Terrasse zu eng wurden. Das Dresdener Publikum allerdings „war gewöhnt, für die Gemälde-Gallerie eine sehr geringe Theilnahme an den Tag zu legen"[40].

Die letzten Jahre der Stall-Galerie

Durch den Ankauf der Gipsabgüsse antiker Skulpturen aus dem Nachlass des Hofmalers Anton Raphael Mengs[41] (1728–1779) wuchsen die kurfürstlichen Kunstsammlungen weiter an. Sie fanden ab 1794 ihren Platz im östlichen Flügel des Stallgebäudes. Die gegenüberliegende Seite, die Westhalle, war zuvor bereits als Remise für die Galakutschen und Wagen des Hofes eingerichtet worden[42]. Ab diesem Zeitpunkt befanden sich keine Pferde mehr im Marstall.

Dennoch waren die Jahre der Nutzung als Bildergalerie gezählt. Klimabedingte Temperaturschwankungen und die zunehmenden Umwelteinflüsse schadeten den schon mehrere Jahrhunderte alten Gemälden. Durch die zunehmende Kohlenheizung in Dresden als Zeichen der beginnenden Industrialisierung lagerte sich der allgegenwärtige Ruß ebenfalls auf den empfindlichen Bildern ab.

Der Stallhof mit den zugebauten Arkaden, Postkarte, um 1900

Der kunstsinnige König Friedrich August II. (1794–1854) beschloss deshalb 1837, ein Jahr nach seiner Thronbesteigung, die Errichtung eines neuen Galeriegebäudes.

Mit dem Neubau sollte zugleich der von August dem Starken unvollendet hinterlassene Zwinger-Festplatz abgeschlossen werden. Die Planung und Bauleitung hatte der bekannte Architekt Gottfried Semper (1803–1879) übernommen, der noch vor der Vollendung aufgrund seiner Beteiligung am Maiaufstand 1849 aus Sachsen fliehen musste. 1855, ein Jahr nach Bauende, zogen die Gemälde in das „Neue Museum" um, die Gipsabgüsse folgten 1857 nach.

Im Stallgebäude befanden sich nur noch die königlichen Wagen, die darüber liegenden Räume waren verwaist.

Mit der Umgestaltung der königlichen Sammlungen stellten sich im Langen Gang ebenfalls Veränderungen ein. Das noch von August dem Starken kurz vor seinem Tod hinzugefügte so genannte „Königliche Gewehr in der Stallgalerie" wurde erweitert. Sogar den Säulengang darunter baute man nach und nach zu, um Raum zu gewinnen[43]. Auf der Rennbahn waren Blumenbeete und Rasenflächen angelegt worden.

Trotzdem hatte das alte Gebäude seinen ursprünglichen Sinn nicht völlig verloren. Der Hof nutzte die ehemaligen Ställe bis zum Ende der Monarchie weiterhin als Wagenhaus, obwohl die Trennung vom neuen Marstall hinter dem Zwingergelände etwas umständlich war[44].

Das Marstallgebäude barg ab 1876 das Historische Museum

Die im zweiten Oberge-schoss des Johan-neums aufgestell-ten Por-zellane, 1938/1939

Historisches Museum und Königlich Sächsisches Parkhaus bis 1945

Während der Neuordnung der Königlichen Sammlungen Anfang der 1830er Jahre rückte die in Vergessenheit geratene Kunstkammer wieder ins Blickfeld. Ähnlich erging es der Rüst- und Harnischkammer, die schon 1722 aus ihren Räumen im Marstall weichen musste. Die neu angelegte Sammlung taufte man 1832 im Sinne des romantischen Zeitgeschmacks „Historisches Museum" und brachte sie zunächst im westlichen Teil des Zwingers unter[45]. Um die Jahrhundertmitte wurde jedoch mehr Fläche für die naturwissenschaftlichen Sammlungen benötigt. Das seit dem Auszug der Gemälde leer stehende Marstallgebäude bot sich als künftige Heimstätte für das Historische Museum geradezu an.

Darüber hinaus sollte die bisher im Keller des Japanischen Palais untergebrachte Königliche Porzellan- und Gefäßsammlung einen neuen Ausstellungssaal in der zweiten Etage bekommen.

Unter Leitung des Landbaumeisters Moritz Haenel (1809–1880) wurde das zukünftige Museumsgebäude im Stil der Neorenaissance umgebaut und erhielt sein heutiges Aussehen.

Weitgehend unverändert blieben nur die Stallhallen, die weiterhin als königliche Wagenremise genutzt wurden. Nach Vollendung aller Arbeiten 1876 erhielt das Bauwerk die Bezeichnung

JOHANNEUM, wie die Fassadeninschrift zeigt. Den zu Ehren des verstorbenen kunstsinnigen Königs Johann (1801–1873) vergebenen Namen trägt das Gebäude bis heute.

Schon 1876 bezog die Porzellansammlung ihren Saal in der zweiten Etage des Johanneums. Ein Jahr später folgte das „Historische Museum" nach.

Während der gesamten Umbauzeit war ein weiterer Künstler an der unattraktiven Stall-Hinterseite tätig. Für die 101 Meter lange Außenwand der Stallgalerie hatte der Maler Wilhelm Walther (1826–1913) einen Aufzug aller wettinischen Herrscher seit 1089 entworfen.

Der ursprünglich als Sgraffito in den weichen Putz gekratzte Fürstenzug war 1876 vollendet, verwitterte jedoch schnell. Er

Die Kutschen des Sächsischen Hofes standen in der Westhalle zur Besichtigung aufgereiht, um 1935

Das Johanneum frontal vom Jüdenhof aus gesehen, 1930

wurde deshalb auf ungefähr 23 000 Fliesen aus Meißner Porzellan übertragen und 1907 montiert. Das Wandbild hat sogar die Bombenangriffe vom Februar 1945 überdauert. So sind wenigstens noch ein paar Pferde am Stall verblieben.

Das Historische Museum befand sich bis zum Beginn des Zweiten Weltkrieges im Johanneum, wurde aber unter Leitung des Kunsthistorikers Erich Haenel (1875–1940) nochmals umgestaltet. Auch am Gebäude wurden erneut größere Eingriffe in die historische Bausubstanz vorgenommen, u. a. brach man drei Tore zum Lichthof in die Osthallenwand und brachte das Glasdach in Höhe der zweiten Etage an[46].

Nach der Abdankung des Königs Friedrich August III. (1865–1932) im Herbst 1918 wurde Sachsen Freistaat. Im selben Jahr wurden die „Staatlichen Sammlungen zu Dresden" gegründet. Die ehemals königlichen Sammlungen verwaltete seitdem die Sächsische Kulturstiftung, welche auch die Verteilung der Bestände regelte.

1925 erhielt das Historische Museum 15 Wagen, eine Anzahl Fahrgeschirre, Decken, Livreen und weitere Ausstattungsstücke aus der früheren Hofwagenkammer. Damit konnte endlich die Wagenhalle im Erdgeschoss wieder für die Öffentlichkeit einge-

Der Sechserzug mit dem Paradegeschirr des sächsischen Hofes war in der Erdgeschoss-Osthalle aufgestellt, 1942

Zwischen 1942 und 1943 wurde der größte Teil der Sammlungsbestände des Historischen Museums verpackt und ausgelagert, 1942

richtet werden[47]. Eine ganze Reihe der ehemaligen Staatskarossen stammte aus der Werkstatt des Dresdener Hofwagenbauers Heinrich Gläser, dessen Luxusfahrzeuge bis heute berühmt sind.

Als Nächstes nahm man die Wiederherstellung der historischen Rennbahn in Angriff und restaurierte den Langen Gang. Damit erhielt der einzige in Europa erhaltene Turnierplatz sein ursprüngliches Aussehen zurück.

Ab 1933 sahen sich die Dresdener Museen mit massiven Einmischungen der NSDAP hinsichtlich der Sammlungsinhalte und Museumsmitarbeiter konfrontiert.

Von August 1939 bis Jahresende musste das Museum aufgrund der Evakuierung der kostbarsten Sammlungsgegenstände geschlossen werden. Ab Januar 1940 wurde das Museum noch provisorisch weitergeführt, bis es am 16. Januar 1942 auf Beschluss des Reichsstatthalters endgültig geschlossen wurde.

Anmerkungen

1 Vermeintlich sichere Datierung des Beginns der Residenzbildung in Dresden auf das Jahr 1585 ist eher eine lange tradierte Konvention als das Ergebnis gründlichen Forschens. Vgl. Meinhardt, Matthias: Stadtgesellschaft und Residenzbildung. In: Meinhardt, Matthias/Ranft, Andreas: Die Sozialstruktur und Sozialtopographie vorindustrieller Städte, Berlin 2005, S. 50–51

2 Ein Sinnbild dafür ist das Kanzleihaus, das er 1565–1567 an der heutigen Schloßstraße errichten ließ, es ist das erste reine Verwaltungsgebäude in Sachsen (Baumeister Hans Irmisch, 1526–1597). Vgl. Dülberg, Angelica: Residenzen und Refugien. In: Kappel, Jutta: Mit Fortuna übers Meer, Berlin, München 2009, S. 48; An Stelle der alten Harnischkammer und des alten Försterhofes errichtet. Steche, Richard: Die Bauten des 16. Jh. In: Die Bauten, technischen und industriellen Anlagen von Dresden, Dresden 1878, S. 50

3 Kunst- und Kuriositätenkabinett mit überwiegend technischen Exponaten

4 Vgl. Wüsthoff, Paul: Das Dresdener Marstallveterinärwesen, Berlin 1936, S. 5

5 29. Oktober 1560–1591, einziger den Vater überlebender Sohn

6 Vehse, Eduard: Geschichte der Höfe des Hauses Sachsen, T. 3 Hamburg, 1854, S. 6

7 Zwingerzwischenraum

8 Vgl. Meinhardt, Matthias: Dresden im Wandel, Berlin 2009, S. 73

9 „13 Häusken für Summa 6571 Gulden 15 Groschen auszukauffen" Vgl. Hauptstaatsarchiv (HSTA) Dresden, Akte Loc. 04452/06 Kurfürstlicher und fürstlicher Stall- und Harnischkammerbau [in Dresden] 1586–1589

10 HSTA Dresden, Akte Loc. 04452/06 Kurfürstlicher und fürstlicher Stall- und Harnischkammerbau [in Dresden] 1586–1589

11 Vgl. Kleinere Mitteilungen: Reskript Kurfürst Christians vom 22. Juli 1587. In: Neues Archiv für Sächsische Geschichte (NASG), 1928, S. 166

12 Wintzenberger, Daniel: Lobspruch der Löblichen und Weitberümbten Churphürstlichen Stad Dreßden, Dresden 1591, S. 3–15

13 Vgl. Grundriss von Baumeister Paul Buchner mit eingezeichneten ballistischen Schusslinien, 1586 im Verteidigungsfall. HSTA Dresden, Akte 10006 Oberhofmarschallamt, Plankammer Cap. 1 A, Nr. 32

14 Vgl. ebenda Buchner, Paul: Grundriss 1586

15 Vgl. Beutel, Tobias: Chur-Fürstlicher Sächsischer stets grünender hoher Cedern-Wald [...] Oder Kurtze Vorstellung / Der Chur-Fürstl. Sächs. Hohen Regal-Wercke / Nehmlich: Der Fürtrefflichen Kunst-Kammer [...] hochschätzbaren unvergleichlich wichtigen Dinge [...], Dresden 1671, S. 71–101

16 Wintzenberger, Daniel: Lobspruch der Löblichen und Weitberümbten Churphürstlichen Stad Dreßden, Dresden 1591, S. 13–15.

17 Rechnungen von 1587 „für Gemälde am neuen Stall in und auswendig 1388 fl.", außerdem 1588 „den Malern 3176 fl. 14 gr. 3 pfg. und 71 fl. 15 gr. 3 pfg. für 439 1/4 Ellen weiße Leinwand, welche die Maler zu Contrafacten der Chur- und Fürstlichen Personen, auch etlicher abgemalter Pferde verbraucht. In: Miscellen, Archiv für Sächsische Geschichte Bd. 11, 1872/73, S. 332

18 Vgl. Münzberg, Esther: Der neue Stall- und Harnischkammerbau. In: Dresdner Kunstblätter, 2009 H. 1, S. 12

19 Beutel, Tobias: Chur-Fürstlicher Sächsischer stets grünender hoher Cedern-Wald [...] Oder Kurtze Vorstellung / Der Chur-Fürstl. Sächs. Hohen Regal-Wercke / Nehmlich: Der Fürtrefflichen Kunst-Kammer [...] hochschätzbaren unvergleichlich wichtigen Dinge [...], Dresden 1671, S. 12

20 Vorbild Waisenhaus Ospedale degli Innocenti in Florenz, gebaut von Filippo Brunelleschi (1419–1443)

21 Vgl. Ehrenthal, Max von: Führer durch die Gewehrgalerie, Dresden 1900, S. 3

22 Vgl. Weck, Anton: Der Chur-Fürstlichen Sächsischen weitberuffenen Residentz- und Haupt-Vestung Dresden Beschreib[ung] und Vorstellung, Nürnberg 1680, S. 327

23 Vgl. Meinhardt, Matthias: Dresden im Wandel. Berlin, 2009, S. 138.

24 Ihm folgten seine Söhne, wobei auch Christian II. nur kurze Zeit regierte. Eine lange Regierungszeit war erst Johann Georg I. über die Zeit des Dreißigjährigen Krieges hinaus vergönnt

25 Vgl. Krollmann, C.: Aufzeichnungen des Burggrafen Christoph zu Dohna über die Sehenswürdigkeiten Dresdens 1616 und 1618. In: Dresdner Geschichtsblätter 1906 Heft 3, S. 111–112

26 [Hasche, Johann Christian]: Umständliche Beschreibung Dresdens, T. 1 Leipzig 1781, S. 180

27 Crell, Johann Christian: Kern Dreßdnischer Merckwürdigkeiten, November 1727. Vgl. Heeres, Gerald: Der erste Umbau des Dresdener Stallgebäudes. In: Jahrbuch der Staatlichen Kunstsammlungen Dresden 1981, S. 101–105

28 Vgl. Heres, Gerald: Der erste Umbau des Dresdener Stallgebäudes im Lichte der Engelbrechtschen Architekturstiche. In: Jahrbuch der Staatlichen Kunstsammlungen Dresden 1981, S. 101–105. Die Treppe hatte bereits einen hölzernen Vorläufer

29 Vgl. Haenchen, Mathias, Dozent der TU Dresden, Fakultät Architektur am IBAD Institut für Baugeschichte, Architekturtheorie und Denkmalpflege, E-Mail vom 9. Juni 2012

30 Vgl. Klatte, Gernot: Vom Stallgebäude zum Museum Johanneum. In: Dresdner Kunstblätter 2009 Heft 1, S. 15–30, S. 20

31 Vgl. Hübner, Julius: Verzeichniss der Königlichen Gemälde-Gallerie zu Dresden, 2. wesentl. verm. Aufl. Dresden 1862, S. 34

32 1742 befanden sich insgesamt 1938 Gemälde im Stallgebäude, d. h. in den oberen zwei Stockwerken mit Eckzimmern und den Stallzimmern. In: Hübner, Julius: Verzeichniss der Königlichen Gemälde-Gallerie zu Dresden, 2. wesentl. verm. Aufl. Dresden 1862, S. 7

33 Strich, Uwe: Der Umbau des Stallhofes zum Johanneum, Seminararbeit TU Dresden, Dresden 1982, S. 17

34 Vgl. Lindau, Martin Bernhard: Geschichte der Residenzstadt Dresden, Bd. 2 Dresden 1862, S. 303; dasselbe geschah vermutlich mit den bisher im Stall bei Kreuzkirche beheimateten Pferden nach dessen Auflösung 1745. In: O'Byrn, Friedrich August: Aus dem kursächsischen Marstall. In: Sächs. Alterthumsverein, Mitteilungen 1875 Heft 25, S. 39

35 Vgl. Neigebaur, J. F.: Dresden und die Sächsische Schweiz, Leipzig 1843; Heres, Gerald: Dresdner Kunstsammlungen im 18. Jahrhundert, Leipzig 2006, S. 140

36 Im November 1756, die Brüder waren August Wilhelm (1722–1758), Heinrich (1726–1802) und August Ferdinand (1730–1813) Vgl. Helden-, staats- und lebens-geschichte des allerdurchlauchtigsten und grosmächtigsten fürsten und herrns, herrn Friedrichs II., Bd. 4 Schaffhausen 1760, S. 267–268

37 Dienstag, 9. September 1800: […] Vom grünen Gewölbe giengen wir in die Bildergallerie: hier ist eine der schönsten Sammlungen, man sieht hier die prächtigsten Pastell- u. Öhlgemählde, die Nacht von Correggio, die Madonna von Raphael, u. andre grosse Meisterstücke sind die Zierde der Gallerie. – Freytag, 12. September 1800: […] Nachmittag besahen wir die Gypsabgüsse: eine sehr schöne Sammlung von den Abgüssen aller schönen italiänischen Statüen. Vgl. Journal einer Reise von Hamburg nach Carlsbad, und vor dort nach Prag; Rückreise nach Hamburg von A. Schopenhauer Anno 1800, UB Frankfurt a. M., Handschrift im Nachlass Schopenhauer http://apps.webable.de/cms/ index.php?id=11 [12. April 2012]

38 Napoleon: 17. Juli 1807 Ankunft, 19.–20. Juli Besuch Festung, Kadettenhaus, Bilder-Galerie, Antikenkabinett, Bibliothek im Verlauf seines Feldzuges. Vgl. Lindau, Martin Bernhard: Geschichte der Residenzstadt Dresden, Bd. 2 Dresden 1862, S. 527

39 Die Keimzelle der Technischen Universität Dresden

40 Friesen, Hermann von: Ein Beitrag zur Geschichte der Dresdner Gemälde-Gallerie. In: Neues Archiv für Sächsische Geschichte 1880 Bd.1, S. 319

41 Während der Anstellung am spanischen Königshof hatte der Maler in Rom und anderen Städten Italiens Gipsabgüsse von antiken Bildwerken anfertigen lassen. Die später als „Mengsisches Museum" berühmt gewordene Sammlung war mit 833 Stücken die damals umfangreichste

42 Vgl. [Hasche, Johann Christian]: Umständliche Beschreibung Dresdens, T. 1 Leipzig 1781, S. 73

43 Vgl. Hänel, Erich: Der alte Stallhof in Dresden, Dresden 1937, S. 44

44 Der Königliche Marstall, wie er einst war. – Vgl. Salonblatt, Dresden 1909 Heft 20 vom 15. Mai, S. 15

45 Vgl. Ehrenthal, Max von: Führer durch das Königliche Historische Museum zu Dresden, 3. Aufl. Dresden 1899, S. 1

46 Vgl. Haenel, Erich: Der alte Stallhof in Dresden, Dresden 1937, S. 54

47 Vgl. Schaal, Dieter u. a.: Vermisste Kunstwerke des Historischen Museums Dresden, Dresden 1989, S. 84

Das Sächsische Eisenbahnmuseum 1877–1945

Im 19. Jahrhundert waren fast alle Dresdener Museen Teil der königlichen Sammlungen, die lange zuvor angelegt wurden, um Reichtum und Macht zu repräsentieren. Gleichzeitig gab es private Sammlungen von Adligen zum selben Zweck sowie einige wenige Collectionen von Wissenschaftlern und Gelehrten, bei denen Bildung und Dokumentation von Geschichte im Vordergrund standen. Ungefähr ab 1850 entstanden in Dresden mehrere „nicht-königliche" öffentliche Museen, etwa das Altertumsmuseum und das Kunstgewerbemuseum, denen Lehre und Bildung ein Anliegen war.

Als 1877 das Historische Museum im Johanneum untergebracht wurde, begann man bei den Königlich Sächsischen Staatseisenbahnen eine völlig andere, technisch ausgerichtete Sammlung zusammenzutragen. Das größte Verdienst daran ist Ludwig Neumann (1834–1911) zuzuschreiben.

Neumann studierte zunächst an der Königlichen Polytechnischen Schule in Dresden. Seit 1855 war er als Ingenieur-Assistent bei der Zwickau-Schwarzenberger Staatsbahn angestellt und blieb sein Leben lang im Staatsdienst. Gleichzeitig war er ein engagiertes Mitglied des Sächsischen Ingenieur- und Architekten-Vereins. Solche bauwissenschaftlichen Vereine gab es damals viele in Deutschland, zusammen bildeten sie 1871 den Verband deutscher Architekten- und Ingenieurvereine. Anlässlich der Generalversammlungen wurden von den Einzelvereinen hervorragende bauwissenschaftliche Schriften veröffentlicht.

1878 war Dresden als Veranstaltungsort der Wanderversammlung auserwählt worden. Die zu diesem Anlass publizierte Festschrift „Die Bauten, technischen und industriellen Anlagen von Dresden"[1] zählt bis heute zu den Standardwerken über die Baugeschichte Dresdens. Der Redaktions-Kommission gehörten u. a. namhafte Dresdener Persönlichkeiten an wie die Architekten Adolph Canzler (1818–1903) und Alfred Moritz Hauschild (1841–1929). 1877 erhielt Neumann den Auftrag, die Kapitel über Wasser-, Straßen- und Eisenbahnbauten zu verfassen. Besonders ausführlich berichtete er über die Geschichte und den Streckenbau der „Locomotiveisenbahnen" in Dresden. Hier kamen bei ihm wohl dienstliche und private Interessen zusammen.

Im selben Jahr begann er die „ältesten Urschriften, Entwürfe, Zeichnungen, Modelle und Musterstücke" zusammenzutragen[2], die bis dahin noch verstreut bei den einzelnen Dienststellen aufbewahrt wurden. In dieselbe Zeit fiel die Verstaatlichung der meisten privaten Eisenbahnunternehmen in Sachsen, darunter der Leipzig-Dresdener Eisenbahn-Kompagnie. So gelangten auch wertvolle Unterlagen über Bau und Betrieb der 1839 eröffneten ersten deutschen Ferneisenbahnstrecke Leipzig–Dresden in staatlichen Besitz und wurden der neuen Sammlung einverleibt. Die kleine historische Sammlung des Ingenieur-Hauptbüros wurde „in einem eigenen Schranke linienweise geordnet aufbewahrt"[3].

Allmählich vergrößerte sich der Bestand durch Geschenke aus Privatsammlungen, z. B. des Finanzrats Hermann Kell, der Zeichnungen vom Bau der Elstertalbrücke bei Jocketa abgab. Im ersten Museumsführer von 1902 wird eine Schenkung durch Angehörige des Baumeisters der Göltzschtalbrücke, Robert Wilke, erwähnt. Dabei dürfte es sich wohl um Neumann selbst gehandelt haben, denn seit 1862 war er mit Wilkes Tochter Anna verheiratet.

Erst 1896 erhielt die Sammlung eigene Räumlichkeiten im neuen Dienstgebäude der Generaldirektion an der Wiener Straße zugewiesen. Die Sammlung enthielt inzwischen schon viele wertvolle Dokumente und Exponate, die für eine museale Ausstellung systematisch geordnet und aufbereitet werden mussten. Dazu gehörten beispielsweise Zeichnungen, Modelle und Abbildungen vom Bau der Strecken Riesa–Chemnitz, Dresden–Görlitz, Löbau–Zittau, Dresden–Bodenbach, Dresden–Tharandt–Freiberg–Chemnitz–Zwickau, der Entwurf für einen Zentralbahnhof in Dresden von 1847 oder auch ein originales Schienenstück vom ersten Streckenabschnitt der Leipzig-Dresdner Eisenbahn. Auf der „Sächsisch-Thüringischen Industrie- und Gewerbeausstellung" 1897 in Leipzig, die insgesamt 4,2 Millionen Gäste[4] besuchten, konnte die Sammlung das erste Mal öffentlich präsentiert werden. Diese Entscheidung traf die Staatseisenbahnverwaltung noch während der Einrichtung des Museums. Die bereitgestellten finanziellen Mittel für die Ausstellung sollten dem Museum dauerhaft nutzen, Ludwig Neumann wirkte daran maßgeblich mit. In Leipzig fanden die Exponate große Anerkennung. Ein Bericht im Dresdner Anzeiger vom 12. Mai 1897 hebt sogar besonders interessante Ausstellungsstücke einzeln hervor: die Modelle der Göltzschtal- und Elstertalbrücke, den Tunnelbau bei Oberau sowie den Rangier- und Werkstättenbahnhof, weiter Fotografien, Kupferstiche, Gleispläne und Fahrkarten. Was sich davon heute in den Beständen des Verkehrsmuseums befindet, ist noch an den damals verwendeten Exlibris zu erkennen. Ein genaues Verzeichnis der Sammlung gab es nicht, man wurde aber auf den gedruckten Ausstellungs-Katalog verwiesen. Für die „Deutsche Bauausstellung zu Dresden" im Jahr 1900 wurden ebenfalls aufwendige Modelle, Bilder und Zeichnungen angefertigt, die danach in die Sammlung übergingen. Ab dem Sommer 1897, nach Ablauf der Leipziger Ausstellung, konnte die Sammlung in ihren eigenen Räumen jeweils sonntagvormittags und nach vorheriger schriftlicher Anmeldung besichtigt werden.

Um die Wende zum 20. Jahrhundert kam es im deutschsprachigen Raum zu zahlreichen Museumsgründungen, darunter vielen wissenschaftlich-technischen Museen, die als Reaktion auf die zunehmende Industrialisierung und Technisierung zu verstehen sind.

So änderte auch die Eisenbahnsammlung 1902 offiziell ihren Namen in „Eisenbahnmuseum", wie die handschriftlich korrigierte „Anleitung zum Besuche der Eisenbahn-Sammlung" zeigt und war nun öffentlich zugänglich. Das ganze Obergeschoss des lang gestreckten Generaldirektionsgebäudes war dem neuen Museum gewidmet. Eingeteilt in die Räume A–J wurden die Schätze systematisch aufgestellt. Der Eintritt war frei, allerdings war die Besuchszeit „Freitag nachmittags von ½ 2 bis ½ 4"[5] auch recht kurz. In den wenigen erhalten gebliebenen Akten sind zahlreiche Anfragen von Gesellschaften und Vereinen aus der Zeit vor dem Ersten Weltkrieg überliefert, die um Führungen durch die Ausstellung bitten. Schon seltener sind Anschreiben mit Geschenken oder Kaufangebote darin zu finden, so z. B. die Überweisung der Glocke des Sächsisch-Bayrischen Bahnhofs (s. S. 97) an das Museum im Juli 1908[6].

Der mit Neumann befreundete Geheime Finanzrat Claus Köpcke (1831–1911) war im Finanzministerium für den Bau des

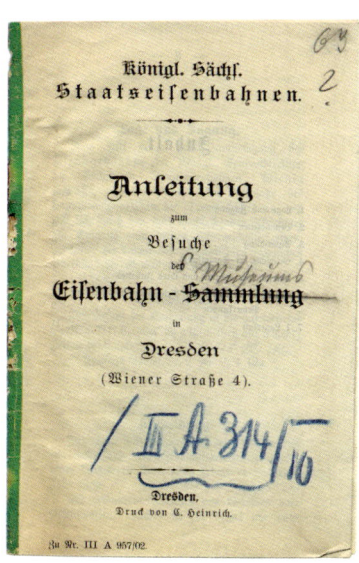

Mit dem gedruckten Exlibris wurden die Bücher des Sächsischen Eisenbahnmuseums gekennzeichnet, um 1900

Vor der Umbenennung der Eisenbahnsammlung in Museum wurde die Besuchsanleitung korrigiert, 1902

Dresdener Eisenbahnknotens zuständig. Er ließ dafür Bahnhofsmodelle anfertigen, die das Eisenbahnmuseum ebenfalls erhielt. Heute gehören sie zur Sammlung des Verkehrsmuseums Dresden.

Inzwischen war auch die Fachliteratur so umfangreich geworden, dass 1895 ein gedruckter „Katalog der Bibliothek der Königlichen Generaldirektion der Sächsischen Staatseisenbahnen" veröffentlicht wurde, 1906 erschien bereits der Nachtragsband[7]. Umso erstaunlicher ist, dass kein vollständiges Verzeichnis der übrigen Sammlungen aufgelegt wurde.

Noch einen größeren Zugang an Modellen erhielt das Eisenbahnmuseum vermutlich 1913 nach dem Ende der „Internationalen Baufachausstellung" in Leipzig. Nicht nur dass die 600 Quadratmeter große Ausstellungsfläche langsam zu klein wurde, die ebenfalls expandierte Eisenbahnverwaltung drängte darauf, diese Räumlichkeiten zu beziehen. Man begann über eine Verlegung des Museums nachzudenken, da mittlerweile eine eigene Museumswerkstatt unerlässlich war.

Bisher war nur Ernst Georg Lucke, technischer Büroassistent[8] und akademischer Bildhauer, für allgemeine Unterhaltungsarbeiten und zur Ausbesserung von Ausstellungs- und Transportschäden an Modellen zuständig. Neue Modelle u. a. für die Ausstellungen 1897 und 1900 baute er teilweise in seiner Freizeit[9]. Eine seiner Modellbauten, der Oberauer Tunnel, ging sogar als Geschenk an das Deutsche Museum in München. Für das Sächsische Eisenbahnmuseum stellte er ein Duplikat des Tunnels her, das leider im Zweiten Weltkrieg verloren ging[10]. Der Ausbruch des Ersten Weltkrieges beendete diese Überlegungen, auch die Einrichtung einer Museumswerkstatt kam nicht zustande. 1914 wurde das Museum geschlossen, erhielt aber weiterhin neue Angebote zur Erweiterung der Sammlung.

1920 wurden die staatlichen Ländereisenbahnen zur Deutschen Reichsbahn zusammengeschlossen und das Eisenbahnmuseum verlor seinen bisherigen Verwalter und Geldgeber. Neuer Träger wurde der sächsische Staat, der das Museum von der Dresdener Zweigstelle des Reichsverkehrsministeriums mit der Bedingung, „daß das Museum als einheitliches Ganzes erhalten bleibt"[11], geschenkt bekam. Da es noch immer keine geräumigeren Ausstellungsräume gab, schien die Zukunft ungewiss. Es standen verschiedene Lösungen zur Auswahl, darunter auch die Auflösung und Übernahme der Sammlung durch das Berliner Verkehrs- und Baumuseum. Bemerkenswert in diesem noch kaum erforschten „Zuständigkeitsgerangel" war jedoch der Wille des sächsischen Staates, das Museum nicht an die Deutsche Reichsbahn abzugeben. Um dies zu verhindern, wurde erstmals der Kontakt zur Technischen Hochschule Dresden aufgenommen. Während dieser Standortsuche prüften Finanzministerium sowie Straßen- und Wasserbauverwaltung gemeinsam mit Hochschule und Museum, ob eine Erweiterung des Sammlungsprofils auf alle Verkehrszweige möglich wäre, um ein Verkehrsmuseum zu schaffen. Doch es kam zu keiner Einigung. Die an der Hochschule zur Verfügung stehenden Räumlichkeiten erwiesen sich als zu klein, genauso wie die Läden unter den Hochgleisen am Bismarckplatz (heute Friedrich-List-Platz). Für den Ankauf eines Grundstückes ebenfalls in der Nähe des Hauptbahnhofs fehlte schlicht das Geld. So kam die Entscheidung der Eisenbahnverwaltung, das Eisenbahnmuseum doch wie bisher zu behalten, sehr gelegen. Nach der Novemberrevolution 1918 und dem Ende der Monarchie wurden die getrennten Aufenthaltsräume und Eingänge für die Königsfamilie nicht mehr gebraucht. Die Fürstenzimmer und Königstunnel der Bahnhöfe standen leer, auch in Dresden-Neustadt. Sie wurden schließlich dem Eisenbahnmuseum zur Verfügung gestellt, das im März 1921 einzog.

Der inzwischen zum Eisenbahnobersekretär beförderte Lucke sorgte weiter für Restaurierung und Überholung der Ausstellungsstücke. Zuvor schon waren die Bestände gesichtet und dabei defekte und minderwertige Modelle ausgesondert worden. Schließlich präsentierte sich das Eisenbahnmuseum ab 1. Juni 1923 neu geordnet auf der kleineren Ausstellungsfläche von 433 Quadratmetern der Öffentlichkeit. Obwohl die neue Lage am Bahnhof verkehrsgünstig war, schien das allgemeine Interesse doch nicht so groß zu sein. Die neuen Besuchszeiten waren nur geringfügig länger als zuvor: Mittwochs von 10 bis 16 Uhr und jeden ersten Sonntag von 10 bis 13 Uhr im Sommer. Im Winter blieb das Museum vorerst geschlossen. Die Besichtigung kostete nun „ein geringes Entgelt". Für Eisenbahnangestellte war der Eintritt frei, Schüler, Studenten und Vereine mit wissenschaftlichem Interesse bekamen Vergünstigungen.

Für größere Ausstellungsstücke oder gar originale Fahrzeuge reichte der Platz am neuen Standort jedoch wieder nicht aus. Man entschied sich gegen Großexponate, denn sonst wäre erneut ein

Nach der Aufstellung der Museumsstücke in den neuen Räumlichkeiten im Bahnhof Neustadt, nach 1921

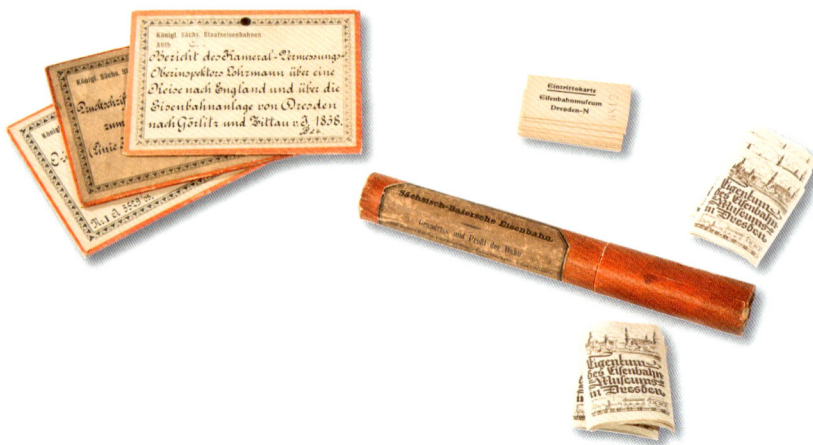

Eintrittskarten, Exlibris und Verpackungen des Eisenbahnmuseums aus der Dokumentensammlung des Verkehrsmuseums Dresden, um 1910

Umzug notwendig geworden. So konnte die dem Museum ange-
botene Dampflok „Böhlen" von 1858 nicht übernommen werden.
Sie wurde letztendlich um 1930 in Chemnitz verschrottet.

Bis zum Beginn des Zweiten Weltkriegs blieb das Museum
geöffnet, allerdings waren keinerlei finanzielle Mittel für eine
Erweiterung vorhanden. Schließlich kamen auch keine Besucher
mehr, so dass man den Betrieb im Laufe des Krieges ganz ein-
stellte.

Um die Bestände vor den drohenden Luftangriffen zu schützen, wurden sie in einen Gasthof ausgelagert und entgingen
zunächst der Zerstörung. Erst die Verhältnisse nach Kriegsende
führten zu wiederholten Plünderungen, besonders von Modellen
und Uniformen. Als der Gasthof geräumt werden musste, kam es
durch unprofessionelle Behandlung der eingelagerten Bestände zu
weiterer Beschädigung und Zerstörung[12]. Besonders schlimm
wirkte sich die Einlagerung in einem Freitaler Güterboden auf die
Materialien aus, „Ratten halfen fleißig mit, ebenso wie Uneinge-
weihte durch Bücherverbrennungen, das Vernichtungswerk zu
vollenden"[13]. So ging beispielsweise die einzige Originalzeichnung
der von Schubert konstruierten Lokomotive „Saxonia" verloren.

Nach mehrfacher Umlagerung, u. a. in das Industriegelände, wurden die verbliebenen Museumsstücke schließlich im Hauptbahnhof auf der Ostseite und in der alten Reichsbahn-Direktion in der Wiener Straße untergebracht. Das massive Gebäude war noch verhältnismäßig gut erhalten, sogar die ehemaligen Räume des Museums waren verschont geblieben. Doch es wurde nicht wieder aufgebaut, sondern trotz der Proteste Dresdener Bürger 1952 gesprengt.

In den Nachkriegsjahren konnten nur noch einzelne Modelle besichtigt werden, u. a. 1946 in der Ausstellung „Das neue Dresden" oder anlässlich des 50-jährigen Bestehens des Dresdener Hauptbahnhofs[14]. Nur interessierten und engagierten Eisenbahnfreunden ist es zu verdanken, dass vom Sächsischen Eisenbahnmuseum einiges mehr als nur der Name erhalten geblieben ist.

Anmerkungen

1 Die Bauten, technischen und industriellen Anlagen von Dresden, hrsg. von dem Sächs. Ingenieur- und Architekten-Verein [...] Dresden 1878, X, 594 S. : Ill.

3 Das Eisenbahn-Museum in Dresden. In: Dresdner Anzeiger 176. Jg. 1905 Nr. 344, S. 6–7

3 Anleitung zum Besuche der Eisenbahn-Sammlung in Dresden, Königl. Sächs. Staatseisenbahnen, Dresden 1902, S. 4–5

4 Vgl. Die sächsisch-thüringische Industrie- und Gewerbeausstellung 1897. In: Zeitung aus dem Musikviertel 2001 Heft 4, S. 6–7

5 Das Eisenbahn-Museum in Dresden. In: Dresdner Anzeiger 176. Jg. 1905 Nr. 344, S. 7

6 Vgl. Verkehrsmuseum Dresden, Archiv, Th40, Bl. 12

7 Vgl. Katalog der Bibliothek der Königlichen Generaldirektion der Sächsischen Staatseisenbahnen, Dresden 1895, 178 S.; I. Nachtrag zum Katalog der Königl. Generaldirektion [...] enthaltend die seit der Drucklegung des Katalog bis 31. Dezember 1905 zugewachsenen Bücher, Dresden 1906, 188 S.

8 Vgl. Staatshandbuch für das Königreich Sachsen, Dresden 1911, S. 228

9 Vgl. Preuß, Erich/Preuß, Reiner: Sächsische Staatseisenbahnen, Berlin 1991, S. 272

10 Das heute im Verkehrsmuseum Dresden vorhandene Exponat ist ein Werk des Bildhauers Hermann Arndt aus Gips in kleinerer Ausführung. Vgl. Preuß, Erich/Preuß, Reiner: Sächsische Staatseisenbahnen, Berlin 1991, S. 272

11 Preuß, Erich/Preuß, Reiner: Sächsische Staatseisenbahnen, Berlin 1991, S. 272

12 Vgl. Arndt, Gerhard/Matthes, Sigfried: Hochschule für Verkehrswesen – Verkehrsmuseum, Dresden, 1956, S. 5

13 Arndt, Gerhard: Die Entwicklung des Verkehrsmuseums in Dresden. In: Dt. Eisenbahntechnik 4. Jg. 1956 Heft 7, S. 274

14 Vgl. Arndt, Gerhard/Matthes, Sigfried: Hochschule für Verkehrswesen – Verkehrsmuseum, Dresden, 1956, S. 5

Das Verkehrsmuseum Dresden seit 1952

Neue Pferdestärken im Johanneum

In der noch jungen DDR gehörte die Ausbildung des ingenieurtechnischen Personals zu den wichtigsten Aufgaben beim „Aufbau des Sozialismus". Das wurde 1950 auf dem III. Parteitag der Sozialistischen Einheitspartei Deutschlands festgelegt. Man brauchte gerade im Verkehrswesen dringend Techniker und Ökonomen, was die Errichtung zahlreicher Spezialhochschulen mit enger Verbindung zur Praxis zur Folge hatte.

So wurde am 1. April 1952 durch Regierungsverordnung die Hochschule für Verkehrswesen (HfV) in Dresden gegründet. Für den Standort entschied man sich nicht nur, weil hier 1949 erfolgreich die erste Fakultät für Verkehrswissenschaften an einer Technischen Hochschule im deutschsprachigen Raum eingerichtet wurde[1]. Wie bekannt, förderte schon Johann Andreas Schubert die Entwicklung der Ingenieurwissenschaften an der Technischen Bildungsanstalt.

Mehr als zehn Jahre nach Kriegsende war das Johanneum noch immer eine Ruine, 1957

Die erste
Unterkunft
des
Verkehrs-
museums
Dresden,
1952

Die neue Hochschule war dem Ministerium für Verkehr unterstellt und wurde am 8. September 1952 eröffnet[2].

Bereits während der Gründungsvorbereitungen dachte man im Verkehrsministerium daran, der Hochschule ein eigenes Verkehrsmuseum für alle Verkehrsträger anzuschließen. Doch zuvor mussten erst einmal die Reste des Sächsischen Eisenbahnmuseums gesichtet und gesichert werden. Diese Arbeiten übernahm Gerhard Arndt (1927–2007), ein junger Reichsbahn-Mitarbeiter und begeisterter Modellbauer. Sein Spezialgebiet waren Modellbahn-Ausstellungsanlagen. 1950 hatte Arndt mit Freunden in Leipzig eine Modellbahnanlage zur Demonstration der modernen Sicherungstechnik bei der Deutschen Reichsbahn gebaut. Dabei wurde man im Amt für Information der DDR[3] auf ihn aufmerksam. Er sollte für die Zukunft des Verkehrsmuseums die gleiche Rolle spielen wie Ludwig Neumann für das Eisenbahnmuseum. Am 1. Mai 1952 bekam Arndt den Auftrag, mit den Vorarbeiten für den Aufbau eines Verkehrsmuseums zu beginnen. Er war berechtigt Verhandlungen zu führen und dafür geeignete Materialien sicherzustellen. Dieser Tag gilt als offizielles Gründungsdatum des Verkehrsmuseums Dresden.

Es war schwierig, im zerstörten Dresden Arbeitsräume für das neue Museum zu finden. Auf dem Gelände des Güterbahnhofs in Dresden-Neustadt in der Leipziger Vorstadt wurde man schließlich fündig. In dem kleinen Gebäude der „Ladestelle Neudorf" – so hieß der Stadtteil bis 1874 – konnten ein Büroraum und provisorische Lagerräume eingerichtet werden. Die geretteten Modelle,

Zeichnungen und sonstigen Materialien bildeten den Grundstock des neuen Museums. Nach und nach fanden sich auch verschollene Gegenstände wieder ein.

Mit der Zeit wuchs die Menge der Exponate durch Übernahme verschiedener Ausstellungen an, u. a. von den Verkehrsbetrieben, der Wasserstraßendirektion, einigen Waggonfabriken und der Deutschen Reichsbahn. In der mittlerweile eingerichteten eigenen Werkstatt konnte die systematische Instandsetzung der Modelle in Angriff genommen werden[4], tatkräftig unterstützt durch Hochschulangehörige. Wertvolle originale Fahrzeuge wie die 1861 gebaute Dampflok „Muldenthal" (s. S. 101) und der „Mathildenwagen" (s. S. 110), ein Salonwagen des sächsischen Hofzuges, konnten so erhalten werden und gehören heute zu den ältesten Exponaten des Verkehrsmuseums Dresden.

Damit begann erneut die Sorge um die Unterbringung. Wo sollten die restaurierten Fahrzeuge und großen Modelle aufgestellt werden? Noch konnten sie in verschiedenen Dienststellen der Verkehrsträger bleiben, waren dadurch aber über das gesamte Dresdener Stadtgebiet oder gar andere Städte verstreut[5]. Anlässlich der Grundsteinlegung für das Seminargebäude der HfV verpflichteten sich gleich fünf Reichsbahnausbesserungswerke (RAW) zur Instandsetzung von Modellen und originalen Fahrzeugen. Nun war die Platzfrage zwar vorübergehend geklärt, aber die Frage nach

Bis auf die Ausstellungshalle im Erdgeschoss war das Johanneum noch eine Ruine, 1958

einem dauerhaften, öffentlich zugänglichen Museumsgebäude wurde immer dringlicher, so dass Arndt und die Vertreter der Hochschule den Rat der Stadt Dresden um Hilfe baten.

Im Juli 1954 schließlich bekamen sie die Ruine des Johanneums mit einer Bedingung zugesprochen[6]. Das historisch wertvolle Gebäude sollte im gleichen Stil wieder aufgebaut werden. Obwohl dies eine beinah unmögliche Aufgabe zu sein schien, war der Vorschlag nicht ohne Hintergedanken getroffen worden. Über Jahrhunderte hatte das Gebäude Pferden und Kutschen als „Garage" und Museum gedient, nun sollten Dampfrosse und andere Pferdestärken hier einziehen.

Nach der Übergabe des Gebäudes setzte die Zwingerbauleitung erst einmal die schon früher begonnenen Sicherungsarbeiten fort[7]. Während der Luftangriffe 1945 wurde das ehemalige Marstallgebäude durch Spreng- und Brandbomben schwer beschädigt. In der Zwischenzeit hatten Regen, Frost und Wind der Ruine noch mehr zugesetzt. Das Innere war mit Bergen von Brandschutt und Trümmern gefüllt. Doch erst nach der Übernahme der Rechtsträgerschaft am 1. Januar 1955 konnte endlich mit Beräumungs- und Instandsetzungsarbeiten begonnen werden. Mit großem propagandistischen Aufwand wurde das Gebäude im April 1955 vom nationalen Aufbauwerk zur „Volksbaustelle" erklärt. Im ersten Baujahr wurden ungefähr 1000 Kubikmeter Schutt beräumt, die Mitarbeiter des Verkehrsmuseums leisteten gemeinsam mit Eisenbahnern der Reichsbahndirektion Dresden und Studenten insgesamt 6000 freiwillige Arbeitsstunden[8].

Vor dem Innenausbau musste zuerst die zerstörte eiserne Dachstuhlkonstruktion wiederhergestellt und mit einem Notdach gedeckt werden. Bis zum Richtfest sollten noch fünf Jahre vergehen. Als Nächstes wurden alle Fenster und Tore je nach Lage behelfsmäßig oder endgültig verschlossen. Die ersten hergerichteten Räumlichkeiten waren die Mittelhalle im Erdgeschoss (heute Foyer) und einige kleinere Diensträume. Vom „Langen Gang" standen noch die meisten Säulen, ein paar Wandstücke darüber und die Außenwand mit dem Fürstenzug, die nun gleichfalls gesichert wurde[9]. Wie schwer die Aufräumarbeiten wirklich waren, ist 1956 in einem kurzen Film festgehalten worden, der heute zum Bestand der Museumsbibliothek gehört. In der Osthalle

wurde sogar ein Lkw eingesetzt, um den Schutt leichter abzutrans-
portieren. Ende 1955, pünktlich zum 50-jährigen Bestehen des
Reichsbahnausbesserungswerkes „Einheit" in Leipzig-Engelsdorf,
war man dort mit der Restaurierung der Lokomotive „Muldenthal"
fertig geworden[10]. Die Ankunft der Dampflok in Dresden ist ebenfalls in diesem Film festgehalten.

Der erste Ausstellungraum im Johanneum sollte die Osthalle,
d. h. der Saal zur Augustusstraße im Erdgeschoss werden. Eine
Baufirma hatte die Arbeiten übernommen, aber der harte Nach-
winter seit Ende Januar 1956 verzögerte die Instandsetzung.
Außerdem traten bei genauerer Untersuchung der hölzernen Fußböden erhebliche Schwammschäden zutage, die schon die Säulen-
fundamente angegriffen hatten[11].

Allen Widrigkeiten zum Trotz wurde die Osthalle rechtzeitig
fertig gestellt. Am 3. Juni 1956 fand die feierliche Eröffnung des
Verkehrsmuseums statt. Noch war keine ständige Ausstellung in
diesem einen Saal möglich, ohne Heizung konnte man nur in der
warmen Jahreszeit öffnen. Doch der Anfang war getan. Mit der
Schau „Ein Streifzug durch 120 Jahre sächsische Verkehrsgeschichte" beteiligte man sich gleichzeitig an der 750-Jahr-Feier
der Stadt Dresden. Unter demselben Titel wurde der erste „Kleine
Führer durch die Ausstellung" veröffentlicht. Seit mittlerweile vier
Jahren waren Gerhard Arndt und vier weitere Mitarbeiter hinter

Die Ankunft der restaurierten Dampflok „Muldenthal" wurde im Film und auf Fotos dokumentiert, 1956

Der Transport großer Exponate war nicht immer einfach, 1959

den Kulissen mit dem Aufbau des Museums beschäftigt. Als Leiterin/Wahrnehmungsdozentin des Lehrstuhls für Wirtschafts- und Verkehrsgeschichte der HfV wurde Dr. rer. oec. Elfriede Rehbein (1929–2004) nun auch mit der wissenschaftlichen Leitung des Verkehrsmuseums beauftragt[12].

Bis 1958 konnten wenigstens drei kleinere Sonderausstellungen gezeigt werden. Solange noch kein weiterer Ausstellungsraum zur Verfügung stand, waren die bisher gesammelten Bestände der Öffentlichkeit noch nicht zugänglich. Im Sommer 1957 wurde eine Ausstellung mit dem zukunftweisenden Titel „Moderne Technik im Verkehrswesen" gezeigt. Im November wurde auf Wirken Gerhard Arndts hin eine Modellbahnschau eröffnet[13].

Unterdessen schritt der Auf- und Ausbau des Johanneums in jährlichen Bauabschnitten weiter voran. Ab September 1958 standen bereits 975 Quadratmeter Fläche für Exponate der Abteilungen Eisenbahn, Kraftverkehr und städtischer Nahverkehr zur Verfügung. Hinter den Kulissen wurde unter Leitung von Elfriede Rehbein[14] wissenschaftlich gearbeitet, u. a. an der Gliederung in die Fachbereiche nach dem Vorbild der HfV. Zu den drei genannten Abteilungen kamen Luftfahrt und Schifffahrt hinzu.

Nach sechs Jahren gab es eine grundlegende Änderung in der Trägerschaft. Ab dem 1. April 1958 unterstand das Museum direkt

Ende der 1960er Jahre war das Johanneum größtenteils wieder aufgebaut, 1967/68

dem Ministerium für Verkehrswesen. Die Museumsleitung und der enge Kontakt zur Hochschule blieben erhalten.

Der Wiederaufbau des Johanneums ging nur langsam voran. Der Bau von Wohnungen und Industrieanlagen war für die DDR ungleich wichtiger und vorhandene Baustoffe flossen natürlich zuerst dahin. Immerhin unterstützte das Verkehrsministerium den Ausbau 1959 mit 1 242 000 DM[15].

Sicher war es für die Museumsmitarbeiter nicht einfach, jahrelang auf einer Baustelle zu arbeiten. Dass sie dennoch mit Enthusiasmus dabei waren, verlangt große Anerkennung. Am 27. April 1960 konnte endlich Richtfest gefeiert werden. 1962 waren die Säle im ersten Stock bereits soweit hergestellt, dass hier im September die 5. Deutsche Kunstausstellung ihr Domizil fand.

Beim Ausbau des zweiten Obergeschosses wurden Trennwände für die künftigen Büros eingezogen und die ausgeglühten gusseisernen Säulen mit Gips verkleidet. Mit der Fertigstellung des Lesesaals Anfang 1963 startete auch der Bibliotheksbetrieb. In den Jahren zuvor wurden bereits die betreffenden Reste der Eisenbahn-Sammlung in Bibliotheks- und Archivbestand getrennt, erfasst und durch neue Stücke erweitert.

Bei einem imaginären Rundgang Mitte der 1960er Jahre durch das Museum würde man im Lichthof die Entwicklung des Kraftwagens erleben können, immerhin standen hier 18 Originalfahrzeuge, zum Teil Leihgaben, hintereinander aufgereiht. Unter der Glasdecke hing bereits der Grade-Eindecker (s. S. 146), denn der Ausstellungsbereich Luftfahrt war gerade in Vorbereitung. Die Osthalle beherbergte wie noch heute die Eisenbahnausstellung, die sich ein Stockwerk höher fortsetzte. Im Langen Gang war 1959 die Schifffahrt-Ausstellung eröffnet worden.

Der Innenausbau konnte endlich 1966 abgeschlossen werden. Im letzten Bauabschnitt war neben Büroräumen und der Hausmeisterwohnung im zweiten Oberschoss auch ein moderner Vortragssaal mit 250 Plätzen geschaffen worden[16]. Die Rekonstruktion der Fassaden dauerte dagegen noch bis 1971, wobei man versuchte, die Gestaltung von 1876 wiederherzustellen. Nur durch das große Engagement der damaligen Mitarbeiter und die unzähligen freiwilligen Aufbauhelfer war es möglich, ein so stark zerstörtes historisches Gebäude wieder aufzubauen.

Nachdem bereits 1956 die ersten Fahrzeuge in ihr neues Domizil eingezogen waren, dauerte es noch bis 1972, dass alle Ausstellungszweige im Johanneum präsentiert werden konnten. Von der ersten Modellbahnausstellung bis zur 325 Quadratmeter großen Modelleisenbahnanlage war es ein langer Weg. Ursprünglich nur für den Lehrbetrieb der Studenten an der HfV eingerichtet, gelang

Blick in die Eisenbahnhalle im Erdgeschoss, 1984

es Gerhard Arndt die Anlage zu vergrößern und 1971 als Dauerausstellung einzurichten. Schon damals gehörte sie zu den größten Modellbahnanlagen der Nenngröße 0 (Maßstab 1:45) und zog
nicht nur zur Weihnachtszeit viele Besucher an.

Durch die Übergabe der erhaltenen Exponate des Eisenbahnmuseums war bereits ein Grundbestand vorhanden, in den anderen vier Bereichen: Straßenverkehr, Städtischer Nahverkehr,
Schifffahrt und Luftfahrt musste völlig neu begonnen werden.

Als Museum mit stetig wachsenden Sammlungen in einem historischen Gebäude war von Anfang an der Platzmangel abzusehen. In Außendepots wurden Park- bzw. Lagermöglichkeiten geschaffen. Mitte der 1960er Jahre hatten bei der Deutschen
Reichsbahn der DDR durch den Traktionswechsel viele Triebfahr-
zeuge ausgedient. Eine Verfügung des Ministeriums für Verkehrswesen legte 32 Dampflokomotiven fest, die als technische Denk-
male durch das Verkehrsmuseum Dresden erhalten werden sollten.
Hinzu kamen historische Eisenbahnwagen und Sonderfahrzeuge.
Manche der Exponate stehen als Leihgaben in anderen Museen,
doch ein Großteil davon ist im ehemaligen Bahnbetriebswerk
Dresden-Altstadt untergebracht. Während der regelmäßigen
Dampfloktreffen, an denen das Verkehrsmuseum teilnimmt, werden die Tore des Depots zur Besichtigung geöffnet. Um Dampfrosse in Betrieb zeigen zu können, organisierten von 1991 an
Deutsche Bahn (DB) und Verkehrsmuseum gemeinsam die belieb-
ten Dampflokfeste mit mehr als 10 000 Besuchern jedes Jahr. Der
Fahrbetrieb des Verkehrsmuseums endete 2004 mit dem Bau einer
Wartungshalle der Deutschen Bahn AG auf dem Bahngelände. Seit
2009 hat sich hier das alljährlich im Frühjahr stattfindende
Dampfloktreffen der IG Bw Dresden-Altstadt e. V. etabliert, an dem
sich das Verkehrsmuseum beteiligt.

Nicht nur die Dauerausstellungen sind ein Besuchermagnet,
sondern auch die vielen Sonderveranstaltungen. Seit 1956 zeigte
das Verkehrsmuseum 300 Sonderausstellungen zu unterschiedlichen verkehrsspezifischen, historischen oder auch ausgefallenen
Themen, darunter zahlreiche Gastausstellungen anderer Museen.
Als Beispiele für die große Themenvielfalt seien an dieser Stelle genannt: „Visionen, Dimensionen, Innovationen – die runde Welt des
Luigi Colani", „Ein Streifzug durch 120 Jahre Technik und Mode",

„Sandmännchens wundersame Reisen", „Der Pionier und die Marke" zum 125. Geburtstag von August Horch, „Taxi – Das mobilste Gewerbe der Welt" oder „Tretautos" mit jeweils fast 100 000 Besuchern. Im Austausch wurden eigene Sonderausstellungen in den Technischen Museen in Moskau, Budapest oder im Tatra-Museum in Kopřivnice in Tschechien gezeigt. Seit der Eröffnung der ersten Ausstellung im Jahr 1952 besuchten 13 600 000 in- und ausländische Gäste das Verkehrsmuseum Dresden.

Während in der DDR-Zeit die enge Zusammenarbeit hauptsächlich mit Museen der sozialistischen Länder gepflegt wurde, ist seit 1990 weltweit ein dichtes Netzwerk der technischen, technikgeschichtlichen und speziell der Verkehrsmuseen entstanden. Seit Anfang der 1970er Jahre ist das Verkehrsmuseum Dresden Mitglied im Internationalen Verband der Transport- und Kommunikationsmuseen (IATM) genauso wie im Internationalen Museumsrat (ICOM).

Das Verkehrsmuseum war und ist auch ein Ort des Lernens für Kinder, Jugendliche und Schulklassen. Der Ernennung zur polytechnischen Bildungsstätte 1958 folgten erste museumspädagogische Angebote wie Führungen, Dia-Vorträge, Preisausschreiben und Filmvorführungen, die immer weiter ausgebaut wurden. Die Ferienveranstaltungen „Mit Spiel & Spaß" luden seit 1977 Kinder zuerst nur in den Sommerferien, ab 1986 auch im Herbst und Winter zum Spielen, Raten und Malen ein. Neben Museumsführungen für Besucher aus aller Welt und für Unternehmen nutzen heute größtenteils Schulklassen (1.–12. Klasse) das Angebot als Unterricht im Museum.

Zahlreiche Sonderveranstaltungen bieten die Möglichkeit, auch einmal hinter die Kulissen zu schauen. Der Internationale Museumstag im Mai oder die seit 1999 in Dresden stattfindende Museums-Sommernacht sind Ereignisse, die im Museum aufwendig mit Sonderprogrammen vorbereitet werden – mit Erfolg, wie die 10 000 Besucher der Museums-Sommernacht 2012 zeigen.

Bis 1989 kam dem Verkehrsmuseum Dresden als größtem und bedeutendstem Technikmuseum der DDR eine zentrale politische Rolle zu. Als moderne sozialistische Bildungsstätte gegründet, sollte sich hier die technische Überlegenheit des Sozialismus widerspiegeln. Doch Politik und Partei kontrollierten wie überall im Land die Konzeptionen und Inhalte der Ausstellungen und Sammlungen und versuchten, durch die von technischen Artefakten ausgehende Faszination, Besucher ideologisch zu beeinflussen.

Mit der Auflösung des Ministeriums für Verkehrswesen der DDR ergab sich eine ungeklärte Perspektive, da das Verkehrsmuseum in der gesamtdeutschen Museumsliste nicht enthalten war. Um die drohende Schließung abzuwenden, organisierten die Mitarbeiter im Juli 1990 einen Aktionstag. Mit einer Fahrzeugschau und einer Unterschriftensammlung, an der 1800 Dresdener teilnahmen, wiesen sie auf die Lage des Museums hin.

Nachdem der Antrag zur Übernahme durch die Deutsche Reichsbahn abgelehnt wurde, ging die rechtliche Zuständigkeit des ehemaligen DDR-Verkehrsministeriums an den Freistaat Sachsen[17] über. Das Verkehrsmuseum Dresden wurde Landesmuseum.

2005 fand erneut ein Wechsel statt, seitdem ist das Verkehrsmuseum eine gemeinnützige GmbH in Trägerschaft der Stadt Dresden. Die Tradition des Sammelns und Bewahrens wurde und

Pünktlich zum 60. Geburtstag des Verkehrsmuseums Dresden war die Sanierung der Fassade und der Englischen Treppe beendet, 2012

wird jedoch immer weiter fortgesetzt, dabei finden entsprechend der Sammlungskonzeption des Verkehrsmuseums Dresden regionalgeschichtliche Themen besondere Beachtung.

Das neueste Bauvorhaben ist die 2008 begonnene Sanierung des Johanneums – eine Schönheitskur für das älteste Ausstellungsgebäude in Dresden.

Damit erhalten die Fassade und die mit Ornamenten verzierten ehemaligen Stalltore wieder das Aussehen von 1876 im Neorenaissancestil zurück. Kurz vor dem 60-jährigen Jubiläum der Museumsgründung im Mai 2012 wurde schließlich noch die Sanierung der Englischen Treppe abgeschlossen. Nun strahlt das Schmuckkästchen am Neumarkt wieder und lädt Gäste aus nah und fern zu einem Museumsbesuch ein.

Die Zukunft des Verkehrsmuseums Dresden

„Mobile Welt erleben" – unter diesem Motto will das Verkehrsmuseum im Johanneum in den nächsten Jahren seine Ausstellungen neu aufbauen. Ziel ist es, die Geschichte der Mobilität Ostdeutschlands in vier Ausstellungsbereichen (Schiene, Straße, Wasser, Luft) zu erzählen. Dabei wird der Mensch im Mittelpunkt stehen. Wer waren die Erfinder und Pioniere, die uns die Mobilität von heute ermöglicht haben? Wer hat die neuen Verkehrsmittel genutzt? Wie haben sie die Gesellschaft verändert? Welche „Verlierer" gab es dabei? Die Antworten auf diese Fragen wird sich der Besucher

Im Verkehrsgarten haben die Jüngsten auf Bobbycars Vorfahrt und lernen spielerisch die ersten Verkehrsregeln, 2011

zukünftig selbst unterhaltsam und interaktiv erarbeiten können. Dabei sollen alle Sinne angesprochen und der Museumsbesuch zum ganzheitlichen Erlebnis für Jung und Alt werden. Auch das „Museum als außerschulischer Lernort" wird eine wichtige Rolle spielen. Angefangen von den Kindern in den Kitas über Schüler bis hin zu Studierenden werden entsprechende Angebote die Arbeit des Museums zukünftig noch stärker prägen.

Ein Besuch im Verkehrsmuseum Dresden soll aber vor allem Spaß machen. Er soll die Möglichkeit bieten, gemeinsam mit der Familie, mit Freunden oder Kollegen etwas zu erleben und dabei Interessantes über die Entstehung unserer hochmobilen Welt zu lernen.

Erste Schritte auf diesem Weg wurden bereits gemacht. 2011 öffnete der „Verkehrsgarten", eine Art Indoor-Verkehrsübungsplatz für Kinder von zwei bis sieben Jahren. Ziel ist es, Kindern spielerisch Verkehrsregeln näher zu bringen. Sie lernen hier in der Interaktion mit anderen, dass Verkehrsregeln sinnvoll sind und somit die Mobilität für alle erleichtern.

In den hohen Sälen zum Jüdenhof präsentiert sich heute die neu gestaltete Ausstellung „Luft-Reise", 2012

Im neuen Experimentierraum zur Physik des Fliegens wird Mitmachen groß geschrieben, 2012

Ein sehr wichtiger Baustein für ein neues Verkehrsmuseum war die Eröffnung der neuen ständigen Ausstellung „Luftfahrt" am 5. Mai 2012, pünktlich zum Museumsgeburtstag. Hier wurde erstmals im Verkehrsmuseum Dresden das Konzept, den Menschen in den Mittelpunkt der Erzählung zu stellen, verwirklicht. Veranschaulicht wird dieser Anspruch in der Figurengruppe der sechs Luftfahrer, die die Besucher in der Ausstellung empfangen und ihre persönliche Luftfahrtgeschichte erzählen. Dabei wird auch ein Pilot der Lufthansa vorgestellt, der noch aktiv im Dienst ist. Die Einbeziehung der Gegenwart, unter Umständen sogar der Zukunft des Verkehrs, soll in den kommenden Jahren ebenfalls integraler Bestandteil der Ausstellungen sein. Das Verkehrsmuseum möchte nicht nur Vergangenes vorstellen, sondern die großen Linien mindestens bis in die Gegenwart ziehen.

Neben der Darstellung der Geschichte der Luftfahrt wurde auch ein Experimentierraum zur Physik des Fliegens geschaffen. Auch dieser Raum ist ein wichtiger Meilenstein auf dem Weg zu einem interaktiven Museum. Besucher können hier eigenständig Experimente zum Phänomen Luft durchführen und als (Papier-) Flugzeugbauer selbst zum Luftfahrtpionier werden. Der Raum ist aber auch für Gruppenveranstaltungen mit Schulklassen nutzbar und erweitert das Angebotsspektrum des Verkehrsmuseums wesentlich.

Mit der Renovierung der Westhalle im Erdgeschoss wird die Grundsanierung des Johanneums endgültig abgeschlossen. Hier wird zukünftig die ständige Ausstellung zum Straßenverkehr gezeigt werden. Dabei werden Autoverkehr oder Fahrradverkehr nicht mehr isoliert betrachtet. Die neue Dauerausstellung bringt alle Bereiche des Straßenverkehrs zusammen und präsentiert Pkw, Nutzfahrzeuge, Fahrräder und Motorräder gemeinsam. Der Nahverkehr, bisher ein eigener Bereich, wird integraler Bestandteil der Ausstellung sein. Auch hier werden Erfinder, Pioniere und Nutzer der Fahrzeuge ihre Geschichten erzählen. Doch die Technik der Fahrzeuge wird, wie schon in der ständigen Ausstellung zur Luftfahrt, nicht zu kurz kommen. Bisher nicht öffentlich gezeigte Objekte wie etwa das Fragment eines Omnibusses aus dem Jahr 1913 oder das einzig erhaltene Fahrgestell eines Nacke-Lkw aus Coswig können dann erstmals bestaunt werden.

In fünf Jahren, 2017, will das Verkehrsmuseum seine Dauerausstellungen komplett modernisiert haben. Dann sollen vier Verkehrszweige eine Verkehrsgeschichte erzählen.

In Zukunft werden wesentlich vielfältigere Aspekte mobilen Lebens beleuchtet und nicht nur der motorisierte Verkehr seit Beginn der Industrialisierung.

Doch auch die klassischen Themen kommen nach wie vor zum Zug. Die Vorbereitungen etwa zur großen Jubiläumsausstellung „175 Jahre Leipzig-Dresdener Eisenbahn" 2014 laufen bereits. In der Planung ist eine spektakuläre Ausstellung rund um den Nachbau der „Saxonia" mit weiteren Gastlokomotiven.

Das Verkehrsmuseum Dresden befindet sich seit 1956 im Johanneum am Neumarkt. Der Standort hat sich über die Jahrzehnte bewährt. Das Gebäude wurde als „kurfürstliches Parkhaus" gebaut und war daher schon immer für verkehrliche Zwecke konzipiert.

Das Dresdener Verkehrsmuseum ist eines der wenigen Verkehrsmuseen weltweit, die sich im Zentrum einer Großstadt befinden. Dieser Standortvorteil ist wichtig für die weitere positive Entwicklung des Hauses gerade im Hinblick darauf, möglichst vielen Menschen den Besuch des Museums zu ermöglichen.

Das Verkehrsmuseum im Johanneum am Neumarkt ist noch lange nicht am Ende seiner Möglichkeiten angelangt. Neue Themen, neue Inhalte und auch bisher nicht gezeigte Objekte werden die Attraktivität des Hauses und die Attraktivität Dresdens als Museumsstandort und Tourismusdestination weiter stärken.

Die Zukunft des Verkehrsmuseums hat gerade erst begonnen.

Anmerkungen

1   Fakultät für Verkehrswissenschaften der TH Dresden, gegründet am 29. Oktober 1949, war weder qualitativ noch quantitativ in der Lage, die geforderte Anzahl an Spezialisten auszubilden, am 31. August 1952 wurde sie aufgelöst. Vgl. Rehbein, Gerhard: Chronik der Hochschule für Verkehrswesen, T. 1 Dresden 1983, S. 8

2   Vgl. Rehbein, Gerhard: Chronik der Hochschule für Verkehrswesen, T. 1 Dresden 1983, S. 3–5

3   Das spätere Presseamt

4   Vgl. Arndt, Gerhard: Die Entwicklung des Verkehrsmuseums in Dresden. In: Dt. Eisenbahntechnik 4. Jg. 1956 Heft 7, S. 273–275

5   Vgl. ebenda S. 273–275

6   Vgl. Arndt, Gerhard/Matthes, Sigfried: Hochschule für Verkehrswesen – Verkehrsmuseum, Dresden, 1956, S. 5; Arndt, Gerhard: Die Entwicklung des Verkehrsmuseums in Dresden. In: Dt. Eisenbahntechnik 4. Jg. 1956 Heft 7, S. 273–275

7   Vgl. Matthes, Sigfried: Über die Entwicklung des Verkehrsmuseums Dresden. In: Wiss. Zeitschrift der Hochschule für Verkehrswesen 12 Jg. 1965 Heft 3, S. 559–562

8   Vgl. Arndt, Gerhard: Die Entwicklung des Verkehrsmuseums in Dresden. In: Dt. Eisenbahntechnik 4. Jg. 1956 Heft 7, S. 273–275

9   Vgl. Matthes, Sigfried: Über die Entwicklung des Verkehrsmuseums Dresden. In: Wiss. Zeitschrift der Hochschule für Verkehrswesen 12 Jg. 1965 Heft 3, S. 559–562

10 Vgl. Arndt, Gerhard: Die Entwicklung des Verkehrsmuseums in Dresden. In: Dt. Eisenbahntechnik 4. Jg. 1956 Heft 7, S. 273–275

11 Vgl. Arndt, Gerhard/Matthes, Sigfried: Hochschule für Verkehrswesen – Verkehrsmuseum, Dresden, 1956, S. 7

12 Vgl. Rehbein, Gerhard: Chronik der Hochschule für Verkehrswesen, T. 1 Dresden 1983, S. 42

13 Vgl. ebenda S. 63

14 Bis 1974 Direktorin des Verkehrsmuseums Vgl. Ammoser, Hendrik: Nachruf der Deutschen Verkehrswissenschaftlichen Gesellschaft, Dresden 2005, http://jungesforum.dvwg.de/fileadmin/Content-Pool/Junges_Forum/sonstiges/041211-dvwg-jf-vg-rehbein-nachruf.pdf [10. September 2010]

15 DM: Deutsche Mark der Deutschen Notenbank, Währung in der DDR von 1948 bis 1964; Seidel, Rudolf: Das Verkehrsmuseum Dresden. Entwicklungsstand und weiterer Aufbau, Dresden 1959, S. 558–559

16 Vgl. Seidel, Rudolf: Das Verkehrsmuseum Dresden. Entwicklungsstand und weiterer Aufbau, Dresden 1959, S. 558–559

17 Vgl. Artikel 13, Absatz 1 des deutschen Einigungsvertrags. In: Vertrag zwischen der Bundesrepublik Deutschland und der Deutschen Demokratischen Republik über die Herstellung der Einheit Deutschlands, Bonn 1990, S. 49

Wasser, Schiene, Straße, Luft:
das Verkehrsmuseum Dresden
und seine Sammlungen

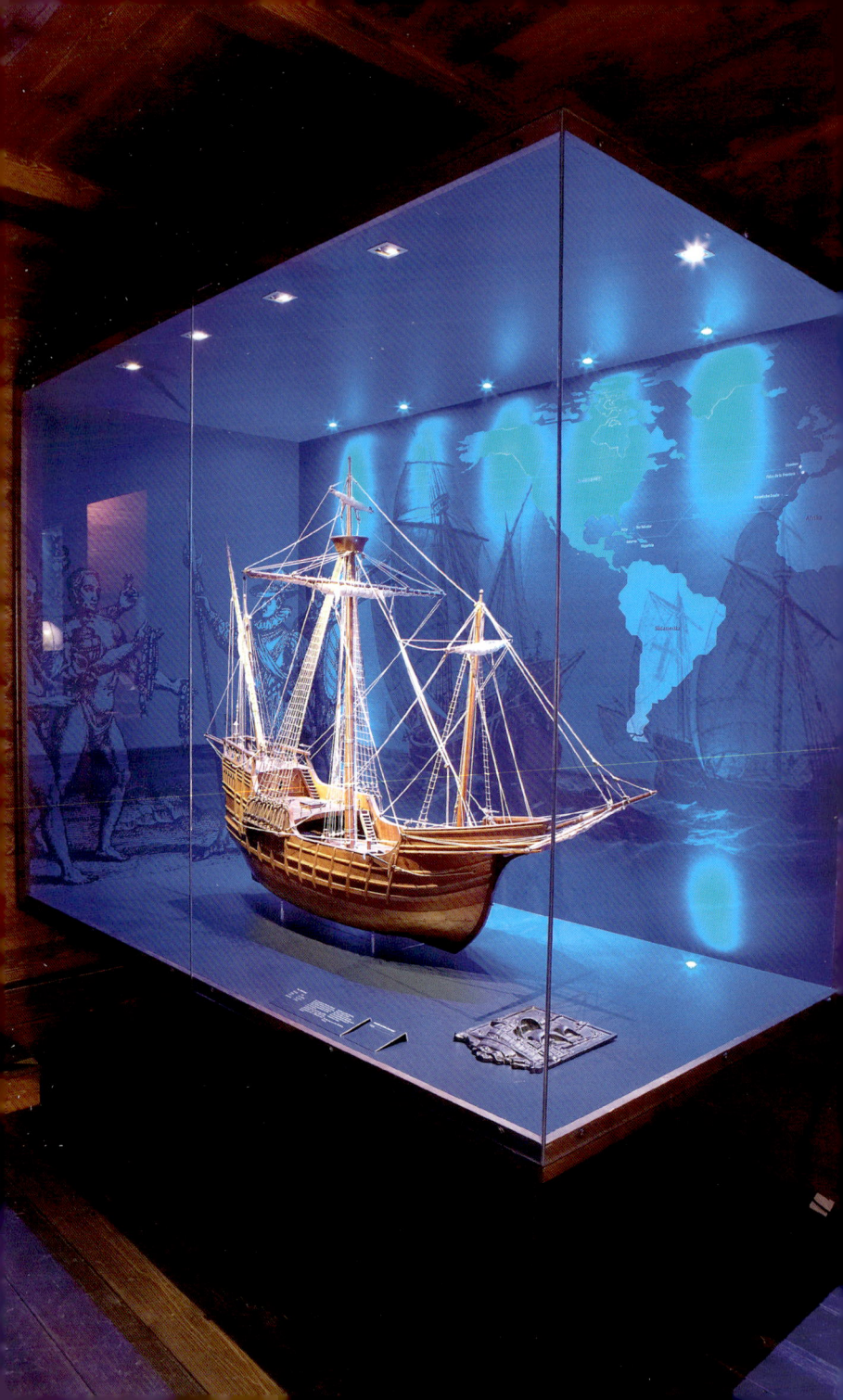

Wasser, Schiene, Straße, Luft: das Verkehrsmuseum Dresden und seine Sammlungen

Zu den grundlegenden Aufgaben der Museen gehört es, Dinge zu sammeln, zu bewahren, auszustellen und zu vermitteln. Dabei kann in der Regel immer nur ein Teil der Bestände gezeigt werden. Neben den ausgestellten Exponaten gibt es viele, die in Depots lagern oder sich als Leihgaben in anderen Museen befinden.

Der Sammlungsbestand des Verkehrsmuseums ist mittlerweile auf mehr als 413 500 Exponate angewachsen, die vom Flugzeug und der Dampflok bis zur Briefmarke reichen. Der Sammlungsschwerpunkt ist dabei geografisch, aber nicht zeitlich auf Ostdeutschland (Gebiet der neuen Bundesländer) begrenzt. Verkehrsgeschichtlich bedeutende Erfindungen und Entwicklungen finden als Original oder in anderer Form ebenfalls Beachtung. Gegliedert wird der Museumsbestand in über 30 Sammlungen, die ständig erweitert werden. Eine wichtige Grundlage dafür bilden die vom Internationalen Museumsrat ICOM entwickelten, weltweit geltenden ethischen Richtlinien für Museen.

Im Folgenden werden die wichtigsten Sammlungen vorgestellt.

Eisenbahn

Der Sammlungsbereich Eisenbahn umfasst 1065 Exponate sowie mehr als hundert Eisenbahnfahrzeuge. Den Grundstock dafür bildeten die erhaltenen Ausstellungsstücke des ehemaligen Sächsischen Eisenbahnmuseums. Neben verschiedenen Brücken- und Bahnhofsmodellen und einer Bahnhofsglocke (s. S. 97) wurde sogar zum Bau von Eisenbahnstrecken verwendetes Werkzeug aufbewahrt.

Die Sammlung des Verkehrsmuseums umfasst außerdem zahlreiche Exponate aus der Zeit der sächsischen und preußischen Länderbahnen sowie der Deutschen Reichsbahn (DR), darunter Modelle fast aller Lokomotiv-Baureihen sowie von Personen- und Güterwagen der DR.

Einen weiteren Schwerpunkt bilden die Schnittmodelle von Dampflokomotiven im Maßstab 1:5 aus dem Bestand des ehemaligen Museums für Verkehr und Technik in Berlin.

Eine außergewöhnliche Sondersammlung stellen die von August Haarmann (1840–1913) in aller Welt zusammengetragenen Schienenabschnitte dar. Als Leiter des Stahlwerks Osnabrück hatte Haarmann die Möglichkeit, sogar Stücke der Strecken Kairo–Alexandria oder Bombay–Baroda zu erhalten. Zu den wertvollsten Exemplaren zählen hier Holzgleise und Stücke von den ältesten europäischen Eisenbahnstrecken.

Eisenbahnzubehör wie die Läutewerke, verschiedene Signallampen und sogar Büromaterial (s. S. 144 Lineal) runden die Sammlung ab.

Eisenbahnfahrzeuge

Die 105 originalen Eisenbahnfahrzeuge des Verkehrsmuseums bilden aufgrund ihrer Größe einen besonderen Bereich innerhalb der Eisenbahnsammlung. Bewahrt werden Lokomotiven verschiedener Traktionsarten und aller Eisenbahn-Epochen, darunter die original erhaltene Dampflok „Muldenthal" von 1861 (s. S. 101). Welche Vielfalt unter den Reisezug- und Güterwagen herrschte, angefangen bei der sächsischen und preußischen Länderbahn bis zur Deutschen Reichsbahn der DDR, zeigen die wertvollen Sammlungsstücke.

Gerade einmalige Exponate, wie das Fragment des Schnelltriebwagens Bauart Kruckenberg SVT 137 155 (s. S. 197) oder ein Güterwagen der Leipzig-Dresdner Eisenbahn-Compagnie, dienen zugleich Forschungszwecken. Die Erhaltung möglichst großer Teile der Originalsubstanz steht dabei im Vordergrund. Eine betriebsfähige Aufarbeitung der Lokomotiven und Wagen wird vom Verkehrsmuseum nicht angestrebt.

Straßenverkehr

Die Sammlung Straßenverkehr stellt mit 6782 Exponaten die Entwicklung des Automobils und der Zweiradfahrzeuge von den Anfängen bis zur Gegenwart dar.

Zahlreiche Pkws zeigen die Entwicklung des sächsischen Fahrzeugbaues, 2012

Den Sammlungsschwerpunkt im Verkehrsmuseum Dresden bilden dabei in Sachsen und Thüringen hergestellte Fahrzeuge. Besondere Glanzstücke sind zweifellos der Luxus-Pkw Röhr 8 Typ „F" (s. S. 184) und der Pilotwagen (s. S. 166), beide mit Karosserien der berühmten Dresdener Firma Gläser, oder der BMW AM 1 (s. S. 201), die erste eigene Automobilkonstruktion der Bayrischen Motorenwerke AG.

Eine echte Rarität in der Sammlung ist ein Lkw-Fahrgestell von 1927. Es handelt sich um das bisher einzige bekannte Fahrzeug, das aus der Fabrik des ersten sächsischen Automobilbauers Emil Hermann Nacke erhalten blieb. Neben originalen Fahrzeugen stellen Modelle die Entwicklung vom Pferdefuhrwerk bis zum Kraftomnibus dar. Außerdem werden Motoren, Fahrzeugzubehör sowie Tankstellen- und Werkstattausrüstungen gesammelt. Fahrzeugmodelle verschiedener Bauarten und Maßstäbe runden den Bestand ab.

Nicht weniger spannend ist die Geschichte des Zweirades. Früher dokumentierten die gesammelten Exponate, wie Laufrad

(s. S. 93), Tretkurbelrad, Hoch- und Niederrad, nur die reine Technikentwicklung des Fahrrades von den Anfängen bis in die Gegenwart.

Heute gehören Sonderformen z. B. Mountainbike und Liegerad mit Verkleidung gleichfalls zur Sammlung.

Innerhalb der Motorrad-Sammlung wurde dagegen das Augenmerk auf besondere Entwicklungen gerichtet. Zu den interessantesten Motorradkonstruktionen zählen die „Wilde Bank", wie die „Böhmerland" (s. S. 169) im Volksmund genannt wird, und die „Megola" mit Umlaufmotor im Vorderrad. Doch auch grundlegende Erfindungen, angefangen beim Petroleum-Reitwagen von Gottlieb Daimler, werden gezeigt. Motorräder wie das Damen-Leichtmotorrad „Phänomen-Bob" aus Zittau, ein Motorrad der tschechischen Firma Laurin & Klement oder der DDR-Motorroller „Troll" sind Beispiele für die Entwicklungen in verschiedenen Jahrzehnten.

Ergänzend sollen die Sondersammlungen von historischer Radfahrerkleidung, Fahrradlampen, Steuerkopfschildern, Radsportvereinsabzeichen sowie von Medaillen und Siegerpokalen Erwähnung finden.

Schifffahrt

Der Sammlungsbereich Schifffahrt umfasst 334 Exponate. Das sind vor allem Modelle verschiedenster Wasserfahrzeuge der Binnenschifffahrt und der Seeschifffahrt. Schwerpunkt bei der Binnenschifffahrt ist der Verkehr auf der Elbe. Regional von Bedeutung sind dabei besonders Exponate zur Kettenschifffahrt.

Die Sammlung zur Seeschifffahrt umreißt die Geschichte, Gegenwart und Zukunft der Schifffahrt im nationalen und internationalen Rahmen.

Modelle von Dschunken und anderen exotischen Schiffen aus fernen Ländern, prachtvolle Gondeln des sächsischen Herrscherhauses und auch Dampfschiffe des Mississippi sind ebenso vorhanden wie Modelle typischer Segelschiffe vom Wikingerschiff über die im 19. Jahrhundert verwendeten Vollschiffe bis hin zu den noch heute als Ausbildungsschiffe der Marine verwendeten Groß-

Modelle, Messgeräte und Globen geben den Einblick in die Schifffahrt vergangener Zeiten, 2010

seglern. Modelle von Ozeandampfern aus dem 19. und 20. Jahrhundert (s. S. 112 und 168) sowie Fracht- und Containerschiffe zeigen die Entwicklung bis in die Gegenwart.

Zur Sammlung gehören unterschiedliche Navigationsgeräte und beim Holzbootsbau verwendete Werkzeuge. Das Thema Sicherheit und Rettung wird durch interessante Exponate wie das Modell eines Rettungsbootes der Deutschen Gesellschaft zur Rettung Schiffbrüchiger (s. S. 113) und unterschiedliche Arten von Rettungswesten dargestellt.

Luftverkehr

Die Sammlung zur Luftfahrt enthält 859 Exponate aus den vergangenen 200 Jahren Luftfahrtgeschichte. Herausragende Exponate sind der Grade-Eindecker (s. S. 146) von 1909 und eine tschechoslowakische Super Aero 45 (s. S. 213) von 1954, wie sie als „Lufttaxi" bei der Deutschen Lufthansa in der DDR eingesetzt wurde.

Ein weiterer Schwerpunkt der Sammlung ist die Luftfahrtindustrie in Dresden, wo die Flugzeuge Iljuschin IL-14P und das erste deutsche strahlgetriebene Passagierflugzeug 152 entstanden. So gehört seit 1993 der einzige erhaltene Rumpf einer 152/II mit der Baunummer 011 (s. S. 222) zum Bestand des Verkehrsmuseums Dresden. Ergänzend wurden viele originale Sachzeugnisse unterschiedlichster Art zu diesem Thema gesammelt, z. B. Modelle (s. S. 221), Büroutensilien, Fluginstrumente und Hydraulikgeräte.

Darüber hinaus befindet sich eine ganze Palette von Modellen wie Heißluft- oder Gasballons, Luftschiffe, Lilienthal-Gleiter bis hin zu Düsenflugzeugen in der Sammlung. Weitere Modelle, gefertigt aus Bausätzen bzw. einmalige Holz- und Metallkonstruktionen, geben einen Überblick über die Vielfalt deutscher Flugzeugkonstruktionen.

Daneben werden kuriose Alltagsgegenstände und Memorabilia gesammelt, die von der um 1900 aufkommenden Ballon- und Luftschiffeuphorie herrühren. Mehrere Flugzeugmotoren aus verschiedenen Epochen zeugen von der enormen technischen Entwicklung und gehören ebenfalls zur Sammlung.

Öffentlicher Personennahverkehr

Diese Sammlung ist mit 365 Exponaten relativ klein, gibt aber einen guten Überblick zu den einzelnen Entwicklungsstufen. Aus den Anfängen des öffentlichen Nahverkehrs ist eine Sänfte der Dresdener Ratschaisenträger vorhanden, mit der man sich durch die Stadt tragen lassen konnte.

Die Zeit des Übergangs zum Massenverkehr dokumentieren ein einspänniger originaler Pferdebahnwagen aus Dresden und ein zweispänniger Oberdeck-Pferdebahnwagen aus Berlin. Für die Versuche, die Antriebstechnik der Eisenbahn auch in den Städten zu nutzen, steht die Dampf-Tramway-Lok aus Forst, Lausitz (s. S. 118).

Die elektrische Straßenbahn ist mit drei Triebwagen vertreten, davon einer der ältesten elektrischen Triebwagen in Dresden, ein typischer AEG-Wagen aus Leipzig und der bekannte „Große Hecht" (s. S. 121 u. 181).

Von den Bergbahnen sind zwei originale Wagen der Dresdener Standseilbahn der zweiten Generation aus dem Jahr 1934 und der dritten Generation von 1962 in der Sammlung vorhanden. Ein Zeugnis für den Gütertransport mit der Straßenbahn ist neben der Forster Stadtbahnlok auch eine elektrische Lokomotive der Straßenbahn Meißen. Sie ist gleichzeitig das einzige erhaltene Fahrzeug der Dresdener Fahrzeugfirma Robert Liebscher.

Modelleisenbahnanlage

Einen besonderen Sammlungsbereich stellt die 325 Quadratmeter große Modelleisenbahnanlage mit insgesamt 715 Exponaten dar. Sie gehört international zu den bedeutendsten Spur-0-Anlagen.

Mit 625 Metern Gleislänge nimmt die Regelspur (beim Vorbild 1435 mm, im Modell 32 mm) den größten Teil der Anlage ein. Eine der Harzquer- und Brockenbahn nachempfundene Schmalspurbahn kann eine 150 Meter lange Gleisstrecke befahren. Aus der Spurweite des Vorbilds mit 1000 Millimetern wurden im Modell 22,5 Millimeter. Schließlich befindet sich auf der Anlage noch eine kleine Feldbahn in der Nenngröße 0f mit 12 Millimetern Spurweite. Seit mehr als 40 Jahren wird die Anlage immer wieder erneuert und ergänzt. Die meisten der 26 Lokomotiven und 115 Wagen sind ehemalige Messemodelle oder spezielle Einzelanfertigungen, vorwiegend aus den 1960er und 1970er Jahren.

Neben den traditionellen täglichen Fahrzeiten (außer montags) im Dezember und in den Winterferien in Sachsen ist die Anlage sonst mittwochs, sonnabends und sonntags geöffnet. Im November bleibt die Modelleisenbahn wegen Großreinigung geschlossen.

Blechspielzeug

Von den 4560 Exponaten dieses Sammlungsbereichs ist ein Querschnitt im Modellbahnsaal ausgestellt. Die Palette dieser Modelle reicht von Eisenbahnfahrzeugen und -anlagen über Straßenfahrzeuge und Schiffe bis zum Zeppelin. Das oft bis ins Detail genau nachgebildete Blechspielzeug gehört heute zu den besonders begehrten Sammlerobjekten. Es entstand Mitte des 19. Jahrhunderts und hielt zuerst Einzug in die Kinderzimmer gutbürgerlicher Familien. Im 20. Jahrhundert wurde die Modellbahn als Spielzeug und Steckenpferd immer beliebter, allerdings verkleinerten sich die Maßstäbe (Nenngrößen/Modellspurweiten).

Sammlungsschwerpunkt im Verkehrsmuseum sind Eisenbahnmodelle der Nenngröße Spur 0, die sich auch auf der Modellbahnanlage wiederfinden.

Postgeschichte

In diesem Sammlungsbereich dokumentieren knapp 400 Exponate die älteste Form des fahrplanmäßigen öffentlichen Verkehrs zu Land. Sächsische Postmeilensäulen (s. S. 84) im Original und Modell sowie Postkutschenminiaturen bieten einen kleinen Einblick in den damaligen Verkehrsablauf.

Die Post nutzte immer die jeweils modernsten Transportmittel für ihre Zwecke, zum Beispiel die Eisenbahn, wie die originale Einrichtung eines Bahnpostwagens zeigt.

Philatelie

Die philatelistische Sammlung mit 1050 kleinformatigen Exponaten umfasst drei Komplexe. Neben den klassischen Marken Sachsens werden verschiedenste Postwertzeichen mit Motiven zum Verkehrswesen gesammelt. Unter den Belegen der einzelnen Briefbeförderungsarten wie Bahnpost, Luftpost oder Schiffspost befinden sich zahlreiche Stücke zur Geschichte der DDR-Luftfahrt.

Uniformsammlung

Den Kern der Uniformsammlung mit 870 Exponaten bilden Eisenbahneruniformen der früheren Länderbahnen, die anlässlich der 100-Jahr-Feier der Nürnberg-Fürther Eisenbahn 1935 zusammengetragen wurden. Später kam Dienstkleidung anderer Verkehrsbereiche wie Schifffahrt, Post oder öffentlicher Nahverkehr hinzu. Aus jüngerer Zeit stammen zivil orientierte Kleidungsstücke, die inzwischen den militärisch geprägten Stil abgelöst haben. Neben vollständigen Uniformen befinden sich auch Mützen, Schulterstücke, Jacken oder Taschen in der Sammlung.

Münzen und Medaillen

Auf den ersten Blick ungewöhnlich scheint hier der Bezug zum Verkehrswesen. Doch der Sammlungsbereich enthält immerhin 455 Münzen und Medaillen mit Verkehrsmotiven. Dazu gehören zum Beispiel Erinnerungsmedaillen an Ballonaufstiege, die Eröffnung von Eisenbahnstrecken und andere wichtige Ereignisse der Verkehrsgeschichte. Auszeichnungen und Abzeichen, die für besondere Leistungen beispielsweise an Eisenbahner oder bei Sportveranstaltungen wie Fahrrad- und Autorennen verliehen wurden, befinden sich auch darunter.

Vervollständigt wird die Sammlung durch Kleingeldersatzmarken, wie sie zum Bezahlen des Fahrpreises verwendet wurden, und Notgeld aus der Inflationszeit mit Bezug zu Eisenbahn und Straßenbahn.

Bibliothek

Meist unsichtbar sind die Sammlungen der Fachbibliothek, die eine wichtige Quelle für die Forschung darstellen. Das historische Schrifttum aus dem Bestand des ehemaligen Sächsischen Eisenbahnmuseums wurde um Literatur zu allen Sammlungsbereichen des Verkehrsmuseums ergänzt.

Der Bestand umfasst inzwischen rund 93 000 Medieneinheiten, darunter 29 500 Monografien und 17 900 Zeitschriftenjahrgänge. Neben der aktuellen Fachliteratur werden Karten, Kalender und audiovisuelle Medien gesammelt.

Verschiedene Sondersammlungen ergänzen den Bibliotheksbestand. Hervorzuheben ist zunächst die Kursbuchsammlung, eine der umfangreichsten dieser Art in Deutschland, darin sind Kursbücher für Deutschland und die europäischen Länder in aktuellen und historischen Ausgaben enthalten.

Eine weitere Besonderheit sind Prospektsammlungen zu Fahrzeugen der verschiedenen Verkehrszweige sowie die Sammlung von Modellbauprospekten mit Unterlagen zu Modellbahnfahrzeugen, Anlagen und Zubehör.

Am häufigsten genutzt wird die umfangreiche Kraftfahrzeug-Prospektsammlung mit Publikationen deutscher und ausländischer Hersteller von den Anfangsjahren der Automobilproduktion bis heute. Der Bestand wird durch eine Vielzahl von Bedienungs- und Reparaturhandbüchern sowie Ersatzteilkataloge ergänzt.

Der 2011 komplett sanierte Lesesaal mit acht Arbeitsplätzen kann von Interessenten nach Terminabsprache für Recherche- und Studienzwecke genutzt werden.

Der Zeitschriftenbestand ist online in der Zeitschriftendatenbank recherchierbar.

Dokumenten-, Foto- und Sondersammlung

Die ältesten Stücke stammen wie in der Bibliothek aus dem ehemaligen Sächsischen Eisenbahnmuseum, darunter Originalfotos, Urkunden und Dokumente vorwiegend zur sächsischen Eisenbahngeschichte.

Die Sammlungen enthalten insgesamt 303 000 Exponate und sind in Spezialsammlungen untergliedert. Diese enthalten Plakate mit Bezug zum Verkehrswesen, Verkehrskarten und Frachtbriefe sowie technische Zeichnungen und Dokumentationen, vor allem zu Eisenbahnfahrzeugen und -anlagen. Eine Sammlung mit ca. 14 000 Fahrkarten und Fahrscheinen aus allen Bereichen des Verkehrs veranschaulicht nicht nur die Entwicklung der Fahrgastabfertigung, sondern auch der Fahrpreise. Unter den Urkunden der Sammlung befinden sich zahlreiche Autografe bekannter Persönlichkeiten. Die Ansichtskartensammlung mit Motiven aus Technik und Verkehr umfasst derzeit ca. 40 000 Exemplare. Eine weitere Sammlung zeitgeschichtlicher Dokumente enthält Werbeschriften, Flugblätter, Einladungen und ein historisches Pressearchiv. Außerdem konnte eine kleine Anzahl von Kunstbildern zusammengetragen werden.

Die Fotosammlung enthält etwa 160 000 Aufnahmen in Form von Negativen, Glasplatten, Dias und Vergrößerungen. Sie umfassen alle Verkehrszweige, wobei der Schwerpunkt wiederum bei der Eisenbahn liegt. Die ältesten Aufnahmen gehen bis in das Jahr 1880 zurück und zeigen Werksaufnahmen von Dampflokomotiven sowie Bilder der Elbschifffahrt in Sachsen.

Einen kleinen Einblick bietet die Internetseite der Dresdener Fotosammlungen photo.dresden.de.

Die Dokumenten- und Fotosammlung steht Interessenten nach Terminabsprache zur Verfügung.

Auch der Lesesaal der Bibliothek wurde grundlegend saniert, besonderer Wert wurde dabei auf die Erhaltung der originalen Einrichtung der 1960er Jahre gelegt, 2011

Ausgewählte Exponate des Verkehrsmuseums Dresden erzählen Verkehrsgeschichte

Der Katalogteil dieses Museumsführers zeigt einen repräsentativen Querschnitt der Sammlungen des Verkehrsmuseums Dresden. Vorgestellt werden neben Objekten aus den ständigen Ausstellungen auch für Besucher meist unsichtbare Exponate, die sich in den Depots befinden. Die Auswahl wurde unabhängig von Größe und Wert getroffen, sie stellt jedoch Entwicklungen und Zusammenhänge dar.

Wenn in den folgenden Exponatbeschreibungen mitunter der Hersteller, das Baujahr etc. nicht genannt werden, so waren sie bisher nicht zu ermitteln.

Der Katalogteil ist zur besseren Übersicht in vier Zeitabschnitte gegliedert. Innerhalb dieser Epochen sind die Exponate chronologisch geordnet, jedoch unter Beachtung von Zusammenhängen mit anderen Sammlungsstücken.

Vor 1800: Unterwegs mit Pferd, Kutsche oder Schiff

Vor 1800:
Unterwegs mit Pferd, Kutsche oder Schiff

Mobilität wie wir sie heute kennen, war für die Menschen in Mitteleuropa bis in das 19. Jahrhundert hinein unvorstellbar. Das Reisen zu Fuß, zu Pferd, mit dem Schiff oder vielleicht sogar mit der Kutsche war langsam, beschwerlich, gefährlich und für die meisten unbezahlbar. Der Kirchturm stellte über Jahrhunderte hinweg den Lebensmittelpunkt der Menschen dar und blieb fast immer in Sicht- und Hörweite.

Viele Jahrhunderte lang waren Schiffe das komfortabelste Transportmittel, um Personen und Güter über große Entfernungen zu befördern. Die Landwege waren, bis auf wenige große Handelswege, schlecht ausgebaut, die Überquerung von Flüssen und Gebirgszügen schwierig und gefährlich. Wegelagerer und Räuber gefährdeten häufig Gut und Leben, so dass die Reisenden zum Schutz Fahrtgemeinschaften oder Hansen bildeten. Vor dem Antritt einer langen Reise war es zu jener Zeit üblich, sein Testament zu machen.

Pilgerreisen und Wallfahrten waren für relativ wenige Menschen ein Grund, sich auch auf eine längere Reise zu begeben. Für die meisten Menschen blieb das eine einmalige Sache, auch wenn z. B. Pilgerfahrten nach Rom oder Köln gerade gegen Ende des 15. Jahrhunderts zu einem Massenphänomen wurden.

Gründe für das Reisen über weite Entfernungen waren zunächst der Handel, aber auch der Drang ferne Gegenden zu entdecken sowie der Wissenserwerb von Handwerkern und Gelehrten.

Durch die Einführung von Postkutschen 1660 in Deutschland wurde Mobilität ein wenig einfacher. Erstmals gab es ein öffentlich nutzbares, regelmäßig verkehrendes Fortbewegungsmittel. Doch blieb auch diese Reiseform für die große Mehrzahl der Menschen zeitlebens unerschwinglich. Erst die Einführung der Eisenbahn veränderte das Leben der Menschen im Hinblick auf ihre Mobilität grundlegend.

Modell einer Hansekogge, um 1350

Maßstab 1:50, Holz, Leinen
Inv.-Nr. III/247

„Hanse" bezeichnet eine historische Vereinigung niederdeutscher Kaufleute im Hoch- und Spätmittelalter, deren Ziel der sichere Seehandel und die Vertretung gemeinsamer wirtschaftlicher, politischer und kultureller Interessen besonders im Ausland war. Aufgrund der großen Bevölkerungszunahme im 12. und 13. Jahrhundert in Europa entwickelte sich auch der Seehandel stark. Im Norden Europas wurden hauptsächlich Massengüter wie z. B. Getreide, Bauholz, Metalle, Fisch und Wolle transportiert. Um den gestiegenen Gütertransport bewältigen zu können, benötigten die Kaufleute leistungsfähigere Schiffe. Aus der kleinen Kogge mit flachem Boden und noch geringer Tragkraft entwickelte sich die Hochseekogge mit Kiel und verstärkter Rumpfkonstruktion. Dieser Koggen-Typ wurde zum Standardfrachtschiff der Hanse. Die Kogge hatte eine Länge von rund 25 Metern und eine Breite von rund acht Metern. Die Tragkraft lag zwischen 150 und 200 Tonnen. Weitere Merkmale waren das Heckruder und ein großes Rahsegel. Am Heck befand sich eine Kajüte. Die Besatzung bestand aus 15 bis 20 Mann.

Hufeisen mit Wellenrand

Um 1400, Eisen
Inv.-Nr. II/7000

Hufeisen bieten Schutz vor Verletzungen und übermäßiger Abnutzung der Hufe und werden nicht nur bei Pferden, sondern auch bei Eseln, Maultieren oder Ochsen verwendet. Es wird vermutet, dass die Skythen, ein für seine Reitkünste bekanntes Nomadenvolk, bereits vor dem 6. Jahrhundert den Hufbeschlag erfanden. Die Platteneisen werden in dieser Form bis heute u. a. im Iran genutzt.

Die Römer schützten die Hufe der Tiere durch so genannte Hipposandalen, die nur mit Riemen befestigt wurden und ebenfalls die ganze Sohle bedeckten.

Seit dem 9. Jahrhundert sind u-förmige Hufeisen im westlichen Europa bekannt, das belegen einzelne Funde. Dafür passte der Schmied flache Eisenstäbe an den jeweiligen Huf an. Der Wellenrand entstand durch das Einschlagen der Löcher in das noch heiße Metall.

Nachbildung eines Grubenhunts, 15. Jahrhundert

1920, Holz
Inv.-Nr. I/854

Die Anfänge des schienengebundenen Verkehrs sind in den Bergwerken zu finden. Hier wurden kleine hölzerne Wagen, „Hunte" genannt, von Menschen auf hölzernen Schienen geschoben. Damit konnte die Arbeit durch Reduzierung der Reibung erleichtert werden.

Ursprünglich wurden hölzerne Walzen verwendet. Im Laufe der Zeit nutzten sich die Walzen ab, so dass Einbuchtungen entstanden. Vermutlich entwickelte sich so der Spurkranz.

Ungefähr ab 1800 kamen Zugtiere, anfangs meist oberirdisch, für den Abtransport der geförderten Bodenschätze zum Einsatz. Untertage, wo die Stollen hoch genug waren, wurden oft auch Pferde verwendet.

Dieser Grubenhunt ist ein Nachbau und kam 1986 ins Verkehrsmuseum Dresden.

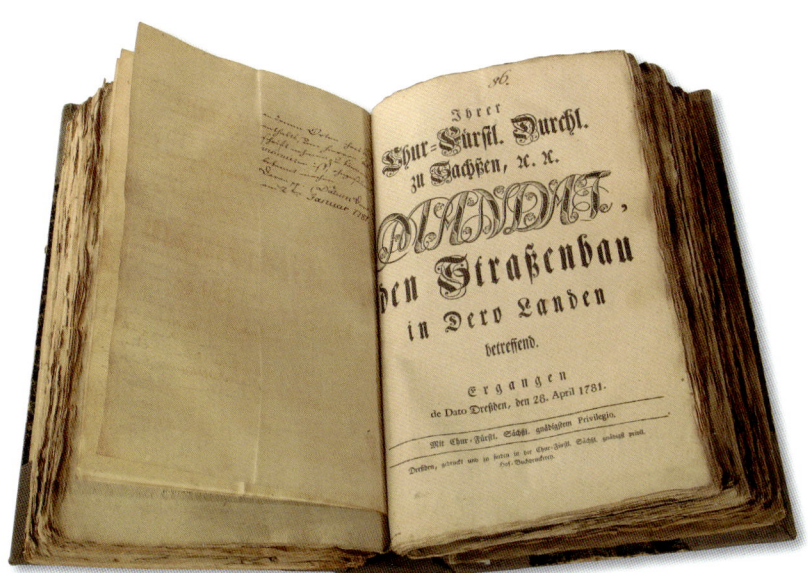

Ihrer Chur-Fürstl. Durchl. zu Sachßen, &&t Mandat, den Straßenbau in Dero Landen betreffend

Hof-Buchdruckerei Dresden, 1781
Inv.-Nr. 24.4.228 R

Die in dicken Bänden gesammelten Mandate der sächsischen Regenten bieten interessante Einblicke in die Regelung des öffentlichen Lebens vergangener Zeiten. Über den Buchdruck wurden Befehle wie z. B. Münzordnungen, Regelungen für die Handwerker-Innungen, für Handel, Gewerbe und Verkehr verbreitet. Im 18. Jahrhundert bestanden immer noch viele Straßen nur aus festgefahrener Erde. Bei schlechtem Wetter weichten sie auf und waren nicht mehr passierbar. Eine Verbesserung sollte die 1781 von Kurfürst Friedrich August III. (1750–1827) erlassene Verordnung bringen. Das Straßenbau-Mandat regelte in 24 Paragraphen Ausbau und Instandhaltung von Straßen sowie deren Verwaltung und Finanzierung. Die Bauvorschriften und technischen Anweisungen vereinheitlichten die Ausführung der Straßen und Brücken und behielten bis 1934 ihre Gültigkeit.

Modell eines Planwagens mit Pferden, um 1850

Maßstab 1:20, 1984, Holz
Inv.-Nr. II/392

Planwagen wurden zum Güter- und Personentransport eingesetzt. Die einfache Bauform basiert auf den hölzernen Leiterwagen, wie sie in der Landwirtschaft noch in jüngster Zeit verwendet wurden. Die hölzernen, häufig mit Eisenreifen beschlagenen Räder hatten in der Regel gleiche Durchmesser. Dank der Drehschemellenkung waren sie leicht zu manövrieren. Zum Schutz vor Witterung wurden die Wagenkästen mit Textilplanen auf einem Gerüst überspannt.

Beim Militär fanden sie Verwendung als Offiziers- und Bagagewagen.

Noch im Zweiten Weltkrieg kamen Pferdetransportkolonnen bei schlechten Wegeverhältnissen besser voran als die Kraftwagentruppen.

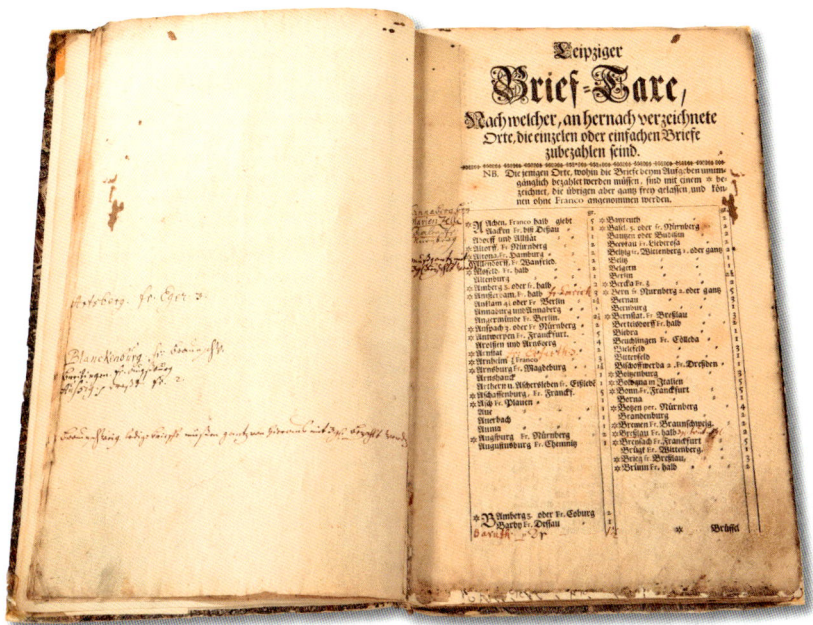

Ihrer Königl. Maj. in Pohlen und Churfürstl. Durchl. zu Sachßen & Post-Ordnung

Hof-Buchdruckerei Winckler Dresden, 1713
Inv.-Nr. 41.4.184 R

1713 erließ Kurfürst Friedrich August I. eine 72 Paragrafen umfassende Post-ordnung für Sachsen. Sie sollte vor allem den Reiseverkehr mit den Fahr-posten regeln. An das Exemplar der Museumsbibliothek ist die abgebildete Brief-Taxe angebunden. Dabei handelt es sich um eine Gebührentabelle für die von Leipzig aus gesendete Brief-post. Die oberste Post-Behörde in

Kursachsen befand sich damals nicht in der Residenzstadt Dresden, sondern war aufgrund der Messe in Leipzig entstanden. Wenn sich auch die Postgebühren änderten, so blieb die Postordnung im Wesentlichen fast 150 Jahre lang bestehen.

Modelle von kursächsischen Postmeilensäulen, um 1730

Maßstab 1:10, Jan Lorenz, Königstein, Sachsen, 1997, Sandstein
Inv.-Nr. XXX/123–127

Die im Auftrag des Kurfürsten Friedrich August I. errichteten Postmeilensäulen dienten zur Angabe von Entfernungen, d. h. die Reisezeit wurde vom jeweiligen Standort aus zu weiteren Zielorten der betreffenden Postkutschenverbindung in Stunden (1 Stunde = 4,531 Kilometer) angegeben.

Die topografische Erfassung Sachsens führte der zum kurfürstlichen Land- und Grenzkommissar ernannte Adam Friedrich Zürner (1679–1742) aus. Er verwendete dafür einen selbst konstruierten „Geometrischen Wagen".

Im Ergebnis der Vermessung wurden ab 1721 entlang der Poststraßen systematisch Meilensäulen und -steine aufgestellt. Einem Viertelmeilenstein folgten jeweils eine Halbmeilensäule, ein weiterer Viertelmeilenstein und darauf die Ganzmeilensäule. An Stadttoren oder Marktplätzen errichtete man außerdem Postdistanzsäulen mit Entfernungsangaben zu Ortschaften entlang der Poststraßen.

Die Modelle zeigen einige der 1729 im Original an der Alten Dresden-Teplitzer Poststraße aufgestellten Meilensteine sowie die Postdistanzsäule von Königstein, Sachsen.

Die Vermessung und Markierung der Fernstraßen war eine wichtige Voraussetzung für den geregelten fahrplanmäßigen Verkehr mit Postkutschen.

Sänfte der Dresdener Ratschaisenträger

Dresden, um 1800, Holz, Stoff, Glas
Inv.-Nr. IV/128

Die originale Sänfte hat Glasfenster, einen gepolsterten Sitz und ein aufklappbares Dach, um den Damen mit ihren damals üblichen hohen Frisuren das Ein- und Aussteigen zu erleichtern. Zwei Männer trugen die „Portechaise" an Holmen und Tragegurten.

1705 führte Johann Friedrich Landsberger (1649–1711), er war Ratsherr und gleichzeitig Hofkaufmann, die ersten öffentlichen Sänften in Dresden ein, die Tag und Nacht genutzt wurden. Im

gleichen Jahr veröffentlichte der Rat der Stadt die „Ordnung, nach welcher sich bey dem Senfften-Tragen zu achten", die auch den Beförderungstarif enthielt.

1878 endete in Dresden diese Art der Beförderung, die Sänften waren der Konkurrenz der Pferdedroschken nicht mehr gewachsen.

Als Firma für Spezial- und Schwerlasttransporte gibt es die „Ratschaisenträger zu Dresden e. K." noch heute.

Modell des Cugnot'schen Dampfwagens, um 1770

Maßstab 1:10, PGH Eisenbahn-Modellbau Plauen, 1964, Holz, Kupfer
Inv.-Nr. II/110

Dieser Dampfwagen war das erste durch Maschinenkraft angetriebene Straßenfahrzeug der Welt.

1769 konstruierte der französische Artillerieoffizier Nicolas Joseph Cugnot (1725–1804) das Fahrzeug im Auftrag des Kriegsministeriums in Paris als Zugmaschine für Kanonen. Ausgestattet mit einer Zweizylinder-Niederdruckdampfmaschine erreichte es eine Geschwindigkeit von vier Kilometern pro Stunde.

Aufgrund der noch unvollkommenen Dampfmaschine kam der Wagen jedoch nicht über das Versuchsstadium hinaus. Das große Gewicht des vor der Vorderachse angebrachten Wasserkessels verursachte außerdem Schwierigkeiten bei der Lenkung, die nicht bewältigt werden konnten. Der Überlieferung nach fuhr der Wagen bei einer Probefahrt gegen eine Mauer.

Ballonmotiv „Montgolfière" auf einer Stuhllehne, 1783

Um 1900, Eiche, Tropenholz
Inv.-Nr. V/90

Hermann W. L. Moedebeck (1857–1910) war ein Wegbereiter der Aeronautik und veröffentlichte zahlreiche Schriften zur Luftfahrt. Sein besonderes Interesse galt der Ballon- und Luftschifffahrt.

Um 1900 ließ er sich zwei besondere Stühle mit unterschiedlichen Lehnen aus Eiche und Tropenholz anfertigen. Die Lehne des originalen Stuhls aus dem Nachlass von Moedebeck zeigt einen Heißluftballon. Die zweite Stuhllehne erhielt die Form eines Gasballons. Beide Stühle sind Teil der Sammlung des Verkehrsmuseums Dresden.

Der Ballon war das erste Fahrzeug, das den Menschen in die Luft beförderte. Am 4. Juni 1783 stellten die Brüder Joseph-Michel (1740–1810) und Jaques-Étienne Montgolfier (1745–1799) erstmals den von ihnen entwickelten Heißluftballon („Montgolfière") in ihrem französischen Heimatort Annonay vor. Am 19. September desselben Jahres starteten sie im Schloss Versailles eine Montgolfière im Beisein des Königspaares. Die ersten Passagiere im Ballon waren ein Hammel, ein Hahn und eine Ente.

Im 19. Jahrhundert verdrängte der Gasballon („Charlière") wegen seiner vielen Vorteile den Heißluftballon. Erst Experimente in den 1960er Jahren führten schließlich zum Bau moderner Heißluftballone um 1970. Inzwischen hat sich das Verhältnis umgekehrt.

2011 waren in Deutschland 40 Gas- und 1213 Heißluftballone gemeldet.

1800–1918:
Das Zeitalter der Eisenbahn – die Welt wird mobil

1800–1918: Das Zeitalter der Eisenbahn – die Welt wird mobil

Als der englische Ingenieur Richard Trevithick 1804 eine Dampfmaschine auf Räder setzte und so die erste Dampflokomotive der Welt entwickelte, war noch nicht absehbar, welche grundlegenden Veränderungen dieses neue Verkehrsmittel Eisenbahn weltweit mit sich bringen würde.

In Deutschland begann das Eisenbahnzeitalter offiziell mit der Eröffnungsfahrt der Ludwigseisenbahn am 7. Dezember 1835 zwischen Nürnberg und Fürth. War diese Bahn mit ihren nur sechs Kilometern noch recht kurz, wurde schon am 7. April 1839 die Leipzig-Dresdner Eisenbahn auf ihrer gesamten Länge von 116 Kilometern in Betrieb genommen.

Die Eisenbahn löste eine Mobilitätsrevolution aus. So verkehrten etwa zwischen Augsburg und München im Mai 1839 in Postkutschen nur 339 Menschen, zwei Jahre später fuhren zwischen beiden Städten im gleichen Zeitraum auf der Eisenbahn schon 31 622 Fahrgäste mit.

Ähnliche Steigerungen der Fahrgastzahlen waren an allen Orten zu verzeichnen, wo die Eisenbahn ihren Betrieb aufnahm. Sie setzte in Deutschland neben der mobilen aber auch die industrielle Revolution in Gang. War Deutschland bisher ein agrarisch geprägtes „Entwicklungsland", so entfesselte das neue Verkehrsmittel selbst eine so hohe Nachfrage nach industriell geförderten Rohstoffen und industriell erzeugten Gütern, dass sich Deutschland binnen weniger Jahrzehnte zu einer der führenden Industrienationen wandelte.

Obwohl Mitte der 1880er Jahre auf dem Gebiet des Deutschen Reiches schon mehr als 30 000 Kilometer Schienen verlegt waren und nun praktisch jeder zuverlässig, schnell und preiswert in Deutschland nahezu überall hin reisen konnte, entwickelte ein badischer Ingenieur 1886 ein Fahrzeug, das den Anfang einer zweiten Mobilitätsrevolution darstellte. In diesem Jahr meldete Carl Benz seinen Motorwagen zum Patent an. Er wollte ein Fahrzeug bauen, das den größten Nachteil der Eisenbahn, die Spurgebundenheit, überwinden sollte, sodass es nun möglich wurde, individuell von Haustür zu Haustür zu reisen. Nach einigen zögerlichen Jahren setzte der Siegeszug des Verbrennungsmotors schließlich am Vorabend des Ersten Weltkrieges ein – ein Siegeszug, der weltweit betrachtet, mit all seinen ökonomischen und ökologischen Konsequenzen bis heute andauert.

Um zwischen den Kontinenten zu reisen, blieb aber nach wie vor nur das Schiff als Verkehrsmittel. Die Jahre vor dem Ersten Weltkrieg waren die Blütezeit der Ozeanriesen. Das größte Passagierschiff der Welt unter der eigenen Flagge zu haben, befeuerte den Nationalstolz vieler seefahrender Nationen. Vor allem aber ermöglichten die Ozeandampfer erstmals praktisch jedem, die Ozeane zu überqueren, sei es um nach Amerika auszuwandern, um sich auf Geschäftsreise in ferne Kolonien zu begeben oder für die oberen Zehntausend, um eine luxuriöse Vergnügungsreise zu unternehmen.

Die Dampfmaschine hatte die Menschen des 19. Jahrhunderts in einem Maße mobil gemacht, wie dies noch 100 Jahre vorher völlig unvorstellbar war.

Nachbau der Drais'schen Laufmaschine, um 1817

1975, Holz, Metall
Inv.-Nr. II/024

1817 schuf der badische Forstmeister und Erfinder Freiherr Karl Friedrich Ludwig Christian Drais von Sauerbronn (1785–1851) ein Laufrad, dass er „Draisine" nannte.

Mit dieser Erfindung leitete er die Periode des Zweirades ein, aus der das heute bekannte Fahrrad hervorging.

Seit 1812 verursachten längere Schlechtwetterperioden Missernten, die die Preise für Hafer in die Höhe trieben. Das Futter wurde so knapp, dass die Pferde notgeschlachtet werden mussten. Aus diesem Grund entwickelte Drais ein alternatives Fortbewegungsmittel, das ohne Pferde, nur mit menschlicher Muskelkraft angetrieben werden konnte.

Das erste Zweirad hatte Holzspeichenräder mit Bandeisen, eine Lenkstange mit Reibscheit-Lenkung sowie Sitzbalken und Balancierbrett. Allerdings fehlten der Konstruktion noch Schleifbremse, Lampe, ein höhenverstellbarer Sitz und der Gepäckträger. Zur Fortbewegung musste man sich mit den Füßen am Boden abstoßen. Die Lenkung gestattete das Umfahren von Unebenheiten.

Holz stellte wegen seiner guten Verarbeitungsmöglichkeit den idealen Werkstoff für Drais dar, nur an besonders beanspruchten Stellen wie Radfelgen und Verbindungen setzte er Metall ein.

Modell des Seitenraddampfschiffs „Königin Maria", 1836/37

Maßstab 1:25, Holz, Metall
Inv.-Nr. III/219

Mit der „Königin Maria" begann 1837 die Personendampfschifffahrt auf der Oberelbe.

1836 erhielten zwölf Dresdener Bürger als einzige in Sachsen von König Friedrich August II. das Privileg zur Gründung einer Dampfschifffahrtsgesellschaft. Im selben Jahr war unter Mitwirkung von Johann Andreas Schubert die Maschinenbauanstalt in Übigau bei Dresden entstanden. Nach seinen Plänen wurde hier der erste, rund 36 Meter lange Seitenraddampfer „Königin Maria" gebaut.

Namensgeberin für das Schiff war die Gemahlin des Königs Maria Anna von Bayern (1805–1877).

Die Dampfmaschine und den Kessel stellte eine Berliner Firma her. Obwohl sie nicht Schuberts Berechnungen entsprachen, wurde beides durch die Maschinenbauanstalt eingebaut. Sie waren nicht zuverlässig und viel zu schwer. Dadurch wurde der Tiefgang des Schiffes für die Elbe zu groß. Bereits 1841 ersetzte man Dampfmaschine und Kessel durch englische Fabrikate.

Am 30. Juli 1837 fand die erste offizielle Fahrt der „Königin Maria" von Dresden nach Meißen statt. Der Seitenraddampfer stand bis 1846 im Dienst. Die Maschinenanlage wurde noch bis 1899 auf zwei anderen Schiffen weiterverwendet.

Das imposante Modell mit einer Länge von 1,54 Meter versprüht einen Hauch königlicher Eleganz und lässt die prachtvolle Ornamentik des Originals erahnen.

Porträtbüste von Friedrich List

1905, Bronze, Marmor
Inv.-Nr. I/119

Diese fünf Kilogramm schwere Büste zeigt den geistigen Vater des deutschen Eisenbahnnetzes, Daniel Friedrich List (1789–1846). Er war ein bedeutender deutscher Volkswirtschaftler, Unternehmer und Diplomat, zudem war er maßgeblich am Entstehen des Deutschen Handels- und Gewerbevereins beteiligt.

Während seiner Tätigkeit von 1834 bis 1837 als amerikanischer Konsul in Sachsen warb er massiv für den Eisenbahnbau. Mit seiner berühmten Denkschrift „Über ein sächsisches Eisenbahn-System als Grundlage eines allgemeinen deutschen Eisenbahn-Systems und insbesondere über die Anlegung einer Eisenbahn von Leipzig nach Dresden" gab List den entscheidenden Anstoß zum Bau der ersten deutschen Ferneisenbahnstrecke.

Die Büste kam 1958 ins Verkehrsmuseum Dresden.

Nachbau der Dampflokomotive „Saxonia", 1839

Deutsche Reichsbahn und VEB Dampfkesselbau Übigau, Dresden, 1988, Holz, Stahl, Messing
Leihgabe des DB Museums Nürnberg

Johann Andreas Schubert konstruierte
1838 in der Maschinenbauanstalt Übigau bei Dresden die erste funktions-
tüchtige deutsche Dampflok „Saxonia".
Kurz zuvor war hier bereits das Dampfschiff „Königin Maria" entstanden.

Grundlage für Schuberts Projekt war
die Lokomotive „Komet" des englischen
Herstellers Rothwell, die für die Leipzig-
Dresdner Eisenbahn-Compagnie (LDE)
geliefert wurde. An der feierlichen Eröffnung der Strecke 1839 nahmen
schließlich zwei englische Dampfloks
und die „Saxonia" teil. Bis 1843 war sie
im Einsatz und gehörte möglicherweise

noch bis 1856 zum Bestand der LDE, da
erst dann der Name neu vergeben wurde. Ihr späterer Verbleib ist unbekannt.

Aus Anlass des 150. Jahrestages der
Eröffnung der LDE wurde die „Saxonia"
1988 im Auftrag des Ministeriums für
Verkehrswesen der DDR nachgebaut. Bei
der Festveranstaltung eröffnete die Lok
die große Fahrzeugparade in Riesa.
Nach zahlreichen Einsätzen und Ausstellungen gehört der 2008 in Meiningen generalüberholte Nachbau dem
DB Museum Nürnberg.

Seit 2011 ist sie im Verkehrsmuseum
Dresden zu Gast.

Bahnhofsglocke vom Bayerischen Bahnhof in Leipzig

Gießerei A. Gugg Leipzig, 1843, Gusseisen
Inv.-Nr. I/52

Die originale Bahnhofsglocke wiegt 95,5 Kilogramm, der untere Durchmesser misst 580 Millimeter, die Höhe beträgt 540 Millimeter. Nach einem Dokument von 1908 wurde sie anfangs auf dem Bayerischen Bahnhof in Leipzig zum Abläuten der Züge benutzt, später aber in der Bahnwerkstatt Leipzig I für die Verkündung von Beginn und Ende der Arbeitszeit verwendet.

Von anderen Bahnhofsglocken unterscheidet sie sich durch ihre reiche Verzierung, da sie anlässlich der Eröffnung des Abschnitts Leipzig–Altenburg der Sächsisch-Bayerischen Eisenbahn am 19. September 1842 gegossen wurde.

Allgemein setzte man Bahnhofsglocken ein, um die Reisenden über die bevorstehende Ankunft oder Abfahrt von Zügen zu informieren. Seit Einführung der Signalordnung für die Eisenbahnen Deutschlands 1892 wurden die Reisenden nicht mehr mit Läuten, sondern durch Ausrufen in den Wartesälen benachrichtigt.

Untergestell eines Güterwagens der Leipzig–Dresdner Eisenbahn–Compagnie

Leipzig, um 1845, Holz, Stahl
Inv.-Nr. IX/4-84

Der um 1845 gebaute originale Güterwagen ist das bisher älteste erhaltene
Fahrzeug der Leipzig-Dresdner Eisenbahn-Compagnie.

Gebaut wurde er noch mit englischem Stahl, auf den Federn ist die
Marke der Cyclops Works, Sheffield zu
finden. Deutlich erkennbar dagegen ist
das Logo der Eisenbahngesellschaft.

Für den Betrieb der ersten deutschen
Ferneisenbahn mussten neben Lokomotiven auch Personen- und Güterwagen
beschafft werden. Die Leipzig-Dresdner
Eisenbahn-Compagnie richtete dafür
1837 mit Hilfe eines englischen Wagen-
bauers eine eigene Wagenbauanstalt in

Leipzig ein. Zunächst wurden die Güter-
und Personenwagen aus importierten
englischen Stahlteilen gebaut, da die
deutschen Stahlwerke noch nicht die
ausreichende Qualität oder die benötigte Menge zur Verfügung stellen
konnten. Ungefähr ab 1845 wurden
dann Achsen, Federn und Räder in
verschiedenen Stahlwerken in Schlesien
hergestellt.

Wie lange der Wagen bei sächsischen Eisenbahnen im Einsatz war, ist
unbekannt. Zuletzt wurde er in Dresden
als Salzwagen genutzt. 1954 kam er ins
Verkehrsmuseum Dresden.

Reise-Manual. Anzeiger aller Fahrpläne auf den 27 Eisen-bahnen in Nord-Deutschland [...], Sommerdienst 1848

Allgemeine Dampf-Anzeige-Gesellschaft Leipzig und Frankfurt am Main, 1848
Inv.-Nr. Z 0719

Das Fahrplanheft zählt zu den ältesten Exemplaren innerhalb der Kursbuch-sammlung. Es enthält neben den Eisen-bahn- und Dampfschiffverbindungen von Kopenhagen bis Wien eine Vielzahl von Informationen für die Reisenden, kleine Anzeigen von Hotels, Restaurants und Kureinrichtungen in der Nähe der Bahnhöfe. Händler in den verschiedenen Orten werben für Souvenirs, neueste Reiseliteratur und alle möglichen Utensilien, die im 19. Jahrhundert für Touristen nützlich waren.

Zwei Eisenbahnfahrscheine für die Strecke Leipzig–Dresden

Dresden, um 1842–1855, Papier
Inv.-Nr. Fk 2 und Fk 5

Zu den ältesten Fahrausweisen in der Dokumentensammlung des Verkehrsmuseums gehören neben Postreisescheinen zwei Fahrscheine der ersten sächsischen Ferneisenbahn.

Die Zettelbilletts enthielten Angaben zu Abgangs- und Zielbahnhof, Wagenklasse und Fahrpreis. Die Fahrscheine der Leipzig-Dresdner Eisenbahn-Compagnie waren auf weißes Papier gedruckt, während andere Ge-

sellschaften farbiges Papier verwendeten. Anhand der unterschiedlichen Brauntöne der Schrift ist die jeweilige Wagenklasse erkennbar.

Auf die Rückseiten druckte man kurze Auszüge aus den geltenden Reglements für den Personenverkehr, z. B. das Verbot des Tabakrauchens in der 1. Klasse oder die Annahme von Trinkgeldern durch das Dienstpersonal.

Dampflokomotive „Muldenthal"

Maschinenfabrik Richard Hartmann Chemnitz, 1861, Stahl
Inv.-Nr. IX/1-32

Die „Muldenthal" war das erste Groß-exponat des neu gegründeten Verkehrsmuseums und wird seit 1956 dauerhaft ausgestellt. Sie ist heute die älteste komplett erhaltene deutsche Lokomotive.

1861 wurde die Lok auf Bestellung der Bockwaer Kohleneisenbahn-Gesellschaft in der Maschinenfabrik von Richard Hartmann in Chemnitz gebaut. Sie erhielt die Fabrikationsnummer 164. Als Rangierlok hatte sie nur einen geringen Kohle- und Wasservorrat, ihre größte Geschwindigkeit betrug 50 Kilometer pro Stunde.

Bis 1913 verblieb sie im Dienst des ersten Eigentümers, danach ging sie in den Besitz des Erzgebirgischen Steinkohlen-Aktienvereins Zwickau über.

1951 wurde die „Muldenthal", die noch immer als Rangierlok im VEB Steinkohlenwerk Zwickau in Betrieb war, von der Instandhaltung zurückgestellt und der Hochschule für Verkehrswesen übergeben.

Das Reichsbahnausbesserungswerk „Einheit" Leipzig-Engelsdorf demontierte das später ergänzte Blechführerhaus und versetzte die Lok wieder in den Auslieferungszustand.

Güterwagen 1025 der Albertbahn

Dresden, 1865, Stahl, Holz
Inv.-Nr. IX/4-85

Der ursprünglich bei der Albertbahn eingesetzte Kohlewagen ist ein einfach gebauter zweiachsiger offener Wagen, wie er für solche Bahnen damals typisch war. Ab 1868 gehörte er den Königlich Sächsischen Staatseisenbahnen und wurde später auf der Windbergbahn eingesetzt. 1961 kam der Wagen ins Verkehrsmuseum.

Die Albertbahn entstand nach 1850 auf Betreiben der Grubenbesitzer des Steinkohlenreviers um Hänichen und Gittersee, die sich dadurch bessere Absatzmöglichkeiten für ihre Kohle erhofften. Am 4. Mai 1853 gründete sich in Dresden eine Aktiengesellschaft, die den Bau und Betrieb dieser

Privatbahn bewerkstelligen sollte. Unter Leitung des Ingenieurs Guido Brescius (1824–1864) wurde die 13,5 Kilometer lange Strecke zwischen dem Albertbahnhof an der Freiberger Straße in Dresden und dem vorläufigen Endpunkt in Tharandt angelegt. Zweigstrecken schlossen die Schächte an diese Bahnlinie an, die nach dem Kronprinzen Albert von Sachsen (1828–1902) benannt wurde. Am 28. Juni 1855 konnte die Eisenbahnstrecke eröffnet werden.

Die vorrangig dem Kohletransport dienende Albertbahn wurde 1868 vom sächsischen Staat übernommen und bis Freiberg und Chemnitz verlängert.

Modell des Kettenschleppdampfers No. 1, 1866

Maßstab 1:50, Holz, Metall
Inv.-Nr. III/302

Zuerst in Frankreich praktiziert, begann die Kettenschifffahrt auf der Elbe 1866 bei Magdeburg und ab 1869 in Dresden.

Das Schiff No. 1 war der erste in Deutschland gebaute Kettenschleppdampfer.

Er war 51,30 Meter lang und besaß eine Zwillingsdampfmaschine mit 96 Kilowatt (130 PS). Das in Magdeburg hergestellte Schiff war mit Ausnahme des Verdecks vollständig aus Eisen gebaut.

Der Kettendampfer zog sich mit einer Dampfwinde an der im Flussbett liegenden Kette vorwärts und hatte mehrere Frachtkähne im Schlepp. Trotz seiner relativ geringen Maschinenleistung erzielte der Kettendampfer eine gute Schleppleistung. Ab 1885 verdrängten starke Seitenradschleppdampfer die Kettendampfer. Auf schwierigen Teilabschnitten der Elbe schleppten Kettendampfer allerdings noch bis 1943 die Frachtkähne. Auch auf anderen deutschen Flüssen wie z. B. Saale, Main und Neckar wurde Kettenschifffahrt betrieben.

Modell eines Elbfloßes, um 1880

Um 1895, Holz
Inv.-Nr. III/300

Das Wasser wurde als Verkehrsweg genutzt, lange bevor es feste Straßen oder
Eisenbahnen gab.

Zu den frühesten Wasserfahrzeugen
der Menschheitsgeschichte gehörten unter anderem Flöße. Schifffahrt auf der Elbe ist seit dem Jahre 983 n. Chr. urkund-
lich belegt. Der Strom bot gegenüber den
schlechten Landwegen die besseren Vo-
raussetzungen für den Gütertransport.
Das älteste Zeugnis über die Elbflößerei
stellt eine Pirnaer Zollrolle aus dem Jahr
1325 dar, in der Flöße zum Transport von
Steinen erwähnt werden. Flöße bestehen
aus einer Anzahl zusammengebundener
Baumstämme. Vorwärts bewegt wurden

die Flöße durch die Kraft des fließenden
Wassers sowie durch das Staken der Flö-
ßer. Als Staken wird das Abstoßen vom
Grund eines Gewässers durch eine lange
Stange bezeichnet. Angewendet wird es
bei kleineren Wasserfahrzeugen und auf
Gewässern mit niedrigem Wasserstand.

Nachdem die Flöße ihren Bestim-
mungsort flussabwärts erreichten,
wurden sie ausgewaschen. Das heißt,
die Flößer brachten die Baumstämme
zur weiteren Verarbeitung an Land.
Größere Flöße nahmen auch Handels-
ware mit.

Die Flößerei auf der Elbe wurde bis zur
Mitte des 20. Jahrhunderts betrieben.

Reisetasche „Bon Voyage"

Um 1880, Leder, Textil
Inv.-Nr. X-c/3/6

Bei dieser klassischen Reisetasche aus der Zeit um 1880 sind die Hülle und die Griffe aus Leder gefertigt und mit einem Eichenkranz sowie dem Schriftzug „Bon Voyage" (französisch für „Gute Reise") bestickt.

Taschen dieser Art sind seit dem Beginn der Eisenbahnreisen überliefert und für kurze bis mittlere Reisezeiten in Gebrauch gewesen. Sie bildeten eine handliche Ergänzung zu den großen Schrankkoffern und Hutschachteln und beinhalteten typischerweise Reiseutensilien wie Speisen, kleine Wäschestücke, Nähzeug oder Bücher.

Die Tasche befindet sich seit 1980 im Verkehrsmuseum Dresden.

Fahrausweise für den Dresdener Nahverkehr aus der 2. Hälfte des 19. Jahrhunderts

1. Fahrbillett der „Continental-Pferdeeisenbahn-AG", 1877–1879, Papier
Inv.-Nr. Fk 1

2. Fahrschein der Sächsisch-Böhmischen Dampfschifffahrt, gültig von Dresden nach Kötzschenbroda, 1857, Papier
Inv.-Nr. Fk 82

3. Fahrschein der Pferdestraßenbahn „Tramways Company of Germany Limited" für 10 Pfennig, um 1885, Papier
Inv.-Nr. Fk 1354

Die frühen Beförderungsscheine, damals Zettelbilletts oder Fahrzettel genannt, für Pferdestraßenbahn, Dampfer oder auch Kutsche haben ein ähnliches Erscheinungsbild. Die Passagiere mussten die mit gedruckten oder handgeschriebenen Informationen zu Preis und Reiseziel versehenen Papiere stets zur Kontrolle bereithalten.

In der Fahrausweissammlung des Verkehrsmuseums befinden sich neben sächsischen Zettelbilletts auch zahlreiche historische Fahrausweise verschiedener Eisenbahngesellschaften und Fahrscheine für den städtischen Nahverkehr.

Erwähnenswert sind u. a. Fahrbilletts der Berliner Pferdeeisenbahnen, der Schifffahrt auf Elbe und Rhein und Passagierbilletts der Königlich Preußischen sowie der Sächsischen Post. Interessante Einblicke in die Vergangenheit geben die auf historischen Fahrausweisen verzeichneten Fahrpreise und Währungen.

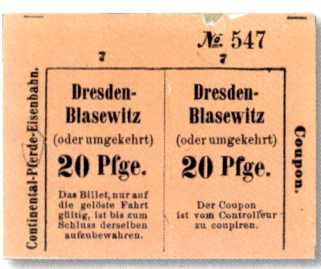

Modell des Flügelluftschiffs mit Lenkvorrichtung von Baumgarten, 1879

Maßstab 1:20, 1979, Holz, Stoff
Inv.-Nr. V/100

1877 wurde in Wien das Buch „Das Lenkbare Flügel-Luftschiff" des königlich sächsischen Oberförsters Ernst Georg Baumgarten (1837–1884) veröffentlicht.

Darin beschrieb er ein Luftschiff, das Luftschrauben für den vertikalen Aufstieg sowie die horizontale Fahrt und ein Steuerruder besaß. Es wurde über Aufstiege von Versuchsmodellen und einem Luftschiff in Grüna, Sachsen berichtet. Manch spätere Erfindung im Luftschiffbau wurde von Baumgarten schon hier vorgedacht oder prophezeit.

Später experimentierte Baumgarten gemeinsam mit Friedrich Hermann Wölfert (1850–1897) aus Leipzig, der 1888 den ersten Aufstieg eines Luftfahrzeuges mit Benzinmotor unternahm. Wölfert kam 1897 beim Absturz seines Luftschiffes ums Leben.

Weil sich Baumgarten der Aufforderung seines Dienstherrn, mit den Luftschiffexperimenten aufzuhören, widersetzte, wurde er 1882 seines Amtes enthoben. Ein Jahr später wurde Baumgarten in die Anstalt für Geisteskranke im Schloss Colditz, Sachsen eingeliefert. Zur Begründung hieß es, er sei angeblich vom „[...] Wahn, ein großer Erfinder zu sein, das Problem der Luftfahrt gelöst [...] zu haben" besessen. 1884 starb Baumgarten vom Schicksal gebrochen an Tuberkulose.

Elbkette der Kettenschifffahrt

Um 1900, Eisen
Inv.-Nr. III/442

Dieses rund 50 Meter lange Stück der
originalen Elbkette mit drei Ketten-
schlössern erhielt das Verkehrsmuseum
Dresden 2002 als Schenkung. Es ist das
bisher längste bekannte Kettenstück
und wurde bei Arbeiten auf dem Fluss
in der Nähe von Wittenberg gefunden.

Mit Einführung der Kettenschifffahrt
1869 auf der Elbe war ein effektiver
Transport von Gütern auch gegen die
Strömung möglich. Die flachen Schlepp-
schiffe zogen mehrere Kähne und konnten trotz der geringen Wassertiefe eingesetzt werden.

Die von Ewald Bellingrath (1838–
1903) in Dresden gegründete „Kette,
Deutsche Elbschiffahrts-Gesellschaft"
finanzierte und verlegte die benötigte

Ketten lose im Flussbett. In der Glanzzeit
der Kettenschifffahrt von 1870 bis 1890
lag zwischen Hamburg und Melnik
(Mělník, Tschechien) eine durchgehende
Kette von 730 Kilometern Länge in der
Elbe. Der mit 630 Kilometern größte
Abschnitt von der sächsischen Grenze
bis nach Hamburg gehörte seit 1882 der
Gesellschaft „Kette".

Die Kettenglieder waren zwischen 22
und 27 Millimetern stark. In Abständen
von 500 bis 1000 Metern befanden sich
Schlösser (s. Bildmitte) darin, die den
Dampfschleppern bei Ausweichmanö-
vern zur Trennung der Kette dienten.

Die Kette unterlag einem starken
Verschleiß, war sehr wartungsaufwendig
und brach oft.

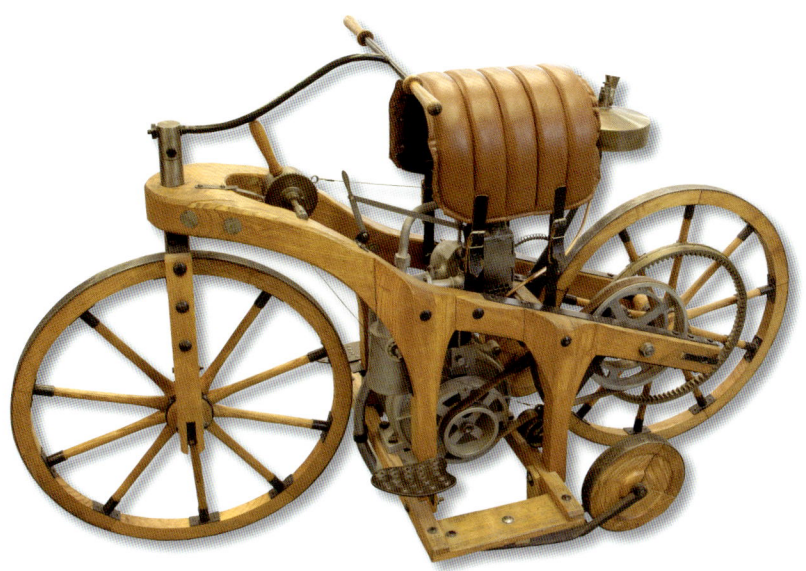

Nachbau des Petroleum-Reitwagens von Gottlieb Daimler, 1885

1984, Holz, Eisen
Inv.-Nr. II/486

Mit dem Einbau des Motors in ein Zweirad konstruierte Gottlieb Daimler (1834–1900) das erste Motorrad der Welt und schuf damit die Vorstufe zum Bau von Motorwagen.

Bereits 1882 gründete Daimler in Cannstatt bei Stuttgart eine Werkstatt zur Herstellung von Verbrennungsmotoren. Gemeinsam mit Wilhelm Maybach (1846–1929) baute er hier kleine, ortsveränderliche Benzinmotoren mit stehendem Zylinder und geschlossenem Kurbelgehäuse. Die senkrechte Anord-

nung des Zylinders verlieh dem Motor den Namen „Standuhr". Um die Leistungsfähigkeit ihres Motors zu testen, bauten Daimler und Maybach den Motor 1885 in ein hölzernes Zweirad-Fahrgestell ein. Am 29. August 1885 erhielten sie dafür das Deutsche Reichspatent Nr. 36 423. Im November 1885 bestand der Petroleum-Reitwagen die praktische Erprobung auf der drei Kilometer langen Strecke zwischen Cannstatt und Untertürkheim.

Hofsalonwagen 447 „Mathildenwagen"

AG für Eisenbahn-Wagenbau Breslau, 1885, Holz, Stahl
Inv.-Nr. IX/4–30

Der sächsische Hof verfügte seit 1853 über zwei Salonwagen, weitere wurden bis 1912 beschafft. Erhalten blieb davon allein der Hofsalonwagen 447.

Bestimmt war er für die Reisen von Prinzessin Mathilde von Sachsen (1863–1933), der Schwester des Königs Friedrich August III. Daher erhielt er die volkstümliche Bezeichnung „Mathildenwagen".

Unterteilt ist der Wagen in Salon und Schlafraum für die Prinzessin sowie einen weiteren Bereich für die Zofe. Eine Wasch- und Toiletteneinrichtung komplettiert die Innenausstattung. Das Wagenkastengerippe besteht aus Holz und ist mit Blech verkleidet. Die Öfen wurden von außen mit glühender Press-

kohle beschickt. Dazu kam die typische Pressgasbeleuchtung.

Der Wagen lief unter der Verwaltung der Königlich Sächsischen Staatseisenbahnen, nach Abdankung der Wettiner verblieb er bei der Deutschen Reichsbahn. 1933 kam er in Dresden auf das „Abstellgleis". 1945 wurde er zum „Rettungsfahrzeug" einer flüchtenden Eisenbahnerfamilie. Ein Indiz für diese dramatische Aktion sind die Einschüsse in der Tür.

Der Wagen wurde von 1954 bis 1956 im Reichsbahnausbesserungswerk Karl-Marx-Stadt (heute Chemnitz) in seinen Ursprungszustand zurückversetzt. Seitdem ist er im Bestand des Verkehrsmuseums Dresden.

Dresdener Pferdestraßenbahnwagen Nr. 106

J. G. Brill Company Philadelphia, USA, 1886, Eisen, Holz
Inv.-Nr. IV/14

Das 1886 bei der Firma Brill in Philadelphia, Pennsylvania, USA hergestellte Fahrzeug ist der älteste erhalten gebliebene Pferdebahnwagen Dresdens.

Der Wagen Nr. 106 wurde an die „Tramways Company of Germany Limited" in Dresden geliefert, die wie viele frühe Straßenbahnbetriebe in Deutschland mit englischem Kapital gegründet worden war. Der von einem Pferd gezogene Wagen fuhr meist auf der Linie Striesen–Schäferstraße.

Die Pferdestraßenbahn entwickelte sich in den durch die Industrialisierung rasch anwachsenden Städten zum wichtigsten Verkehrsmittel. Das Rad-Schiene-System bot bei den damaligen Straßen einen besseren Komfort und eine höhere Leistung als der mancherorts bereits vorhandene Pferdeomnibus.

Als die elektrische Straßenbahn die Pferdebahn ersetzte, baute man den Wagen 1899 zum Beiwagen um. So lief er auch noch bei der Städtischen Straßenbahn Dresden, die 1906 durch die Vereinigung der beiden privaten Gesellschaften entstanden war. Ab 1918 wurde er als Arbeitswagen genutzt. 1952 baute man ihn auf einem neuen Fahrgestell zum historischen Beiwagen um.

1956 kam er als eines der ersten Exponate in das Verkehrsmuseum Dresden.

Modell des Schnelldampfers „Augusta Victoria", 1888

Maßstab 1:50, Holz, Metall
Inv.-Nr. III/57

Auf der viel befahrenen und lukrativen Strecke über den Nordatlantik zwischen Europa und Amerika lieferten sich die Reedereien einen erbitterten Konkurrenzkampf um zahlungskräftige Passagiere. Es wurde darum gewetteifert, jeweils das größte, schnellste und luxuriöseste Schiff unter seiner Flagge in Dienst zu haben. Geschwindigkeit, Größe und Komfort wurden zu gefragten Kriterien.

Daher setzte die Hamburg-Amerikanische-Packetfahrt-Actien-Gesellschaft (HAPAG) ab 1889 den Schnelldampfer „Augusta Victoria" ein. Für kurze Zeit war er das größte deutsche Passagierschiff und das erste Schiff der Reederei, das Doppelschrauben besaß. Auf seiner Jungfernfahrt benötigte das Schiff für die Überfahrt von Southampton nach New York nur sieben Tage.

Aufgrund des oft stürmischen Wetters während der Wintermonate auf dem Nordatlantik war die Nachfrage nach Überfahrten zu dieser Zeit geringer. Um aber trotzdem die Schiffe auszulasten, initiierte Albert Ballin (1857–1918), der damalige Direktor der Hapag, Schiffsreisen, die mehr der Erholung, der Bildung und dem Vergnügen galten als der reinen Beförderung. Damit war die moderne Kreuzfahrt geboren.

Von Januar bis März 1891 startete die „Augusta Victoria" mit 241 Passagieren an Bord zur ersten deutschen Kreuzfahrt ins Mittelmeer.

Modell des Küstenrettungsbootes „Reichspost" mit Transportwagen, 1887

Maßstab 1:5, F. Stilkenboom, Süderneuland/Norden, Holz, Metall, Textil
Inv.-Nr. III/79

Zu den wichtigsten und ältesten Bürgerinitiativen an der deutschen Küste gehört die am 29. Mai 1865 gegründete Deutsche Gesellschaft zur Rettung Schiffbrüchiger (DGzRS).

Heute ist die DGzRS einer der modernsten Seenotrettungsdienste der Welt. Finanziert wird sie ausschließlich durch Spenden. Die Seenotretter sind an der deutschen Nord- und Ostseeküste jeden Tag 24 Stunden mit ihrer modernen Flotte von 61 Seenotkreuzern und Seenotrettungsbooten einsatzbereit, um Menschenleben zu retten.

Bis nach dem Ersten Weltkrieg setzte die DGzRS Ruderboote zur Rettung ein, da Versuche mit Motoren anfänglich nicht erfolgreich verliefen.

Die Deutsche Reichspost schenkte der DGzRS-Station auf Langeoog 1887 ein neues 8,50 Meter langes Rettungsboot mit Transportwagen. Das auf den Namen „Reichspost" getaufte Boot wurde im Einsatzfall mit einem Pferdegespann zum Strand gebracht. Die Seenotretter ruderten bzw. segelten dann zum havarierten Schiff in Küstennähe.

Tablett mit Streckennetz der Sächsischen Eisenbahnen

1889, Holz, Porzellan
Inv.-Nr. I/365

Das Tablett enthält die Darstellung des vollständigen Streckennetzes der sächsischen Eisenbahnen um 1889. Verzeichnet sind nicht nur die Strecken der Königlich Sächsischen Staatseisenbahnen, sondern auch aller Privatbahnen.

Das Tablett wird durch eine kunstvolle Verzierung mit dem sächsischen Wappen umrahmt. Eine Legende erläutert die eingezeichneten Strecken.

Die sächsischen Eisenbahnen hatten zu dieser Zeit das umfangreichste Streckennetz in Deutschland. Neben normalen Vollbahnen existierten schmal- und regelspurige Sekundärbahnen, die sich vor allem in den Tälern des Erzgebirges erstreckten und der Erschließung der abgelegenen Gegenden dienten. Die noch erhaltenen Eisenbahnstrecken bilden heute einen wichtigen Pfeiler des Tourismus in dieser Region.

Das Tablett kam im Jahr 1971 durch Ankauf ins Verkehrsmuseum Dresden.

„Königstein" gastronomisch: Am Süßen See bei Eisleben wurde kürzlich eine originelle Schiffsgaststätte eröffnet. Werktätige aus mehr als 40 Betrieben bauten den ausgedienten Elbraddampfer zu einem flotten Strandlokal um. Speiserestaurant, Weinabteil und Tanzbar bieten 225 Feriengästen angenehmen Aufenthalt.

Dampfer „Graf Moltke", 1892, in der Dokumentation „Personenschifffahrt auf der Elbe"

Sammlung Johannes Lüttich, Dresden, um 1910–1973, Papier
Inv.-Nr. Th 86

Die zahlreichen Umbauten und Namensänderungen des heute noch existierenden Schiffes sind in dieser Dokumentation festgehalten. Der 1892 auf der Schiffswerft in Blasewitz (heute Ortsteil von Dresden) gebaute Seitenraddampfer erhielt ursprünglich den Namen „Graf Moltke" zu Ehren des preußischen Feldmarschalls Helmut von Moltke (1800–1891).

1919 wurde er nach der tschechischen Industriestadt Lovosice in Nordböhmen in „Lobositz" umgetauft.

Anlässlich des 100-jährigen Bestehens der Sächsisch-Böhmischen Dampfschifffahrtsgesellschaft 1936 wurde er für ein Jahr nach dem Vorbild des ersten Personendampfschiffes „Kö-

nigin Maria" umgestaltet und ebenso benannt. 1937 erhielt er wieder den Namen „Lobositz".

Nach dem Zweiten Weltkrieg fuhr der Raddampfer unter dem Namen „Königstein". 1970 wurde er außer Dienst gestellt und ab 1972 am Süßen See bei Eisleben als Schiffsgaststätte eingerichtet. Seit Juli 1973 trägt das Schiff den Namen „Seeperle".

In der Dokumentensammlung des Verkehrsmuseums werden zahlreiche Fotografien, Ansichtskarten und weitere Unterlagen zur sächsischen Binnenschifffahrt, einschließlich der Fähren, Werften und Häfen im Raum Dresden, bewahrt.

Modell einer Postkutsche, um 1890

Maßstab 1:6, 1984, Holz
Inv.-Nr. II/508

Diese Kutsche Typ „Berline" der Deutschen Reichspost war ein komfortabler,
gut gefederter Reisewagen für neun
Personen und wurde von mindestens
zwei Pferden gezogen.

Schon seit dem 17. Jahrhundert
konnte man in Deutschland per Post-
kutsche nach festen Fahrplänen reisen.
Neben Personen wurden Briefe, Pakete
und Gepäck befördert. In der 2. Hälfte
des 19. Jahrhunderts wurden die Postkutschen durch die Eisenbahn und bis in
die 1930er Jahre durch den Kraftomnibus abgelöst.

In Deutschland endete 1937 der
fahrplanmäßige Verkehr mit Postkutschen, kurze Zeit später wurden sie
jedoch für touristische Nostalgiereisen
wieder entdeckt.

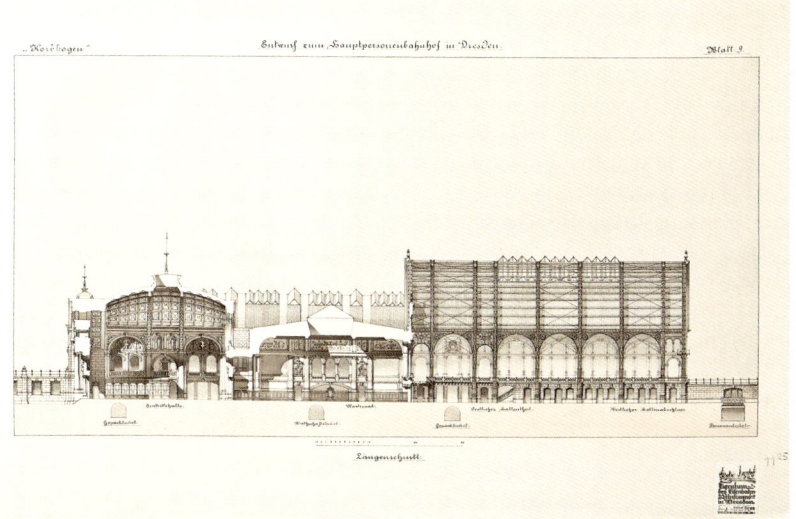

Entwurfszeichnung „Korbbogen" zum Umbau des Dresdener Hauptbahnhofes

Blatt 9, Prof. Otto Warth Stuttgart, 1892, Papier
Inv.-Nr. Zs 43/9

Die handkolorierte Federzeichnung wurde 1892 anlässlich des Architektenwettbewerbs für den Umbau des Dresdener Hauptbahnhofes von Otto Warth (1845–1918) aus Stuttgart eingereicht. Sein Entwurf mit dem Kennwort „Korbbogen" wurde zwar nicht ausgewählt, aber von der Königlich Sächsischen Eisenbahnverwaltung angekauft. Außer Warth beteiligten sich weitere 22 Architekten mit ihren Entwürfen, die Kennworte wie „Helios" oder „Verkehr" trugen.

Die 38 Blatt umfassende Zeichnungsmappe gelangte später in den Bestand des Sächsischen Eisenbahnmuseums und wurde mit dem Exlibris „Eigentum des Eisenbahnmuseums in

Dresden" gekennzeichnet. Heute gehört sie zum Grundstock der Zeichnungssammlung des Verkehrsmuseums Dresden.

Mitte der 1990er Jahre sorgten die nun schon über 100 Jahre alten Papiere für Aufsehen. Ein bekanntes deutsches Architektenteam wählte einige der Entwurfszeichnungen für die „Architekturbiennale" 1996 in Venedig aus. Die Ausstellung „Renaissance der Bahnhöfe" präsentierte dort die Blätter einem internationalen Publikum. Aufgrund des Erfolges waren die Zeichnungen zwei weitere Jahre unterwegs und in Berlin, Hamburg und Stuttgart zu sehen.

Dampf-Tramway 36 der Stadteisenbahn Forst, Lausitz

Lokomotivfabrik Krauss & Comp. AG München, 1893, Stahl, Eisen
Inv.-Nr. IV/32

Mit dem Anwachsen der Textilindustrie in Forst um 1890 nahm auch die Menge der benötigten Kohle und Rohstoffe immer mehr zu. Pferdefuhrwerke reichten für den Transport nicht mehr aus. Das Problem wurde mit der 1893 eingerichteten meterspurigen Stadteisenbahn gelöst. Sie transportierte jedoch keine Fahrgäste, sondern brachte beladene Normalspurwagen auf meterspurigen Rollböcken vom Güterbahnhof zu den verschiedenen Fabriken.

Die Lokfabrik Krauss & Comp. München lieferte 1893 mehrere Schmal-spurlokomotiven nach Forst, von denen nur eine einzige erhalten blieb: die liebevoll „Schwarze Jule" genannte Lok Nr. 36. Sie war bis 1965 in Forst im Einsatz und wurde danach dem Verkehrsmuseum Dresden übergeben.

So genannte „Dampf-Tramways" für den Personennahverkehr entstanden u. a. in Berlin, Kassel, München und Naumburg, Saale, wo speziell konstruierte Loks mit Schutzverkleidungen an den Fahrwerken eingesetzt wurden.

Medaille zur Erinnerung an den Ballonaufstieg „Captiv" 1894

Medaillen-Industrie Richard Diller, Dresden, 1894, Bronze
Inv.-Nr. VII/39

Am Ende des 19. Jahrhunderts waren Ballonaufstiege noch besondere Ereignisse und Anlass zur Herausgabe von Erinnerungsmedaillen. Wie aus der Inschrift auf der Medaillenrückseite hervorgeht, stieg Leutnant Lembrière während der Internationalen Ausstellung 1894 in Dresden mit dem Ballon „Captiv" auf. Möglicherweise ist das auf einen Irrtum des Medaillengestalters zurückzuführen, denn „Captiv" war nicht der Name des speziellen Ballons, sondern die Bezeichnung für einen Fesselballon. Die Abbildung zeigt diesen Fesselballon, der durch eine Leine mit dem Boden verbunden war, schwebend über dem Ausstellungsgelände.

Dampfwagen Nr. 1 von Gustav Adolf Schöche

Dresden, 1895, Stahl, Holz
Leihgabe des Deutschen Museums München

Der Dampfwagen von Gustav Adolf Schöche (1856–um 1940) aus Dresden ist das älteste erhaltene Automobil aus Sachsen.

Schöche hatte 1880 die Schmiede seines Vaters in der Dresdener Neustadt übernommen und mit dampfbetriebenen Maschinen ausgestattet. Um 1885 begann er in seiner „Velociped-Fabrik" mit der Produktion von Fahrrädern in verschiedenen Baugrößen.

Seit seiner Jugend beschäftigte er sich mit der Konstruktion von Dampfkesseln und entwickelte einen eigenen Dampfwagen, den er 1895 fertig stellte. Mit diesem Fahrzeug, in das er immer-

hin 125 000 Mark investiert hatte, war Schöche bis 1910 in Dresden und Umgebung unterwegs.

1936 kam der Dampfwagen anlässlich des 50-jährigen Jubiläums des Automobilbaus auf der Internationalen Automobilausstellung in Berlin noch einmal zu Ehren. Er wurde neben den Automobilen der Kraftfahrzeugpioniere Daimler, Benz oder Horch präsentiert. Anschließend übergab Schöche seinen Wagen dem Deutschen Museum in München. Seit 2011 wird der Dampfwagen als Leihgabe im Verkehrsmuseum Dresden gezeigt.

Triebwagen 761 der Dresdner Straßenbahn–Gesellschaft

Wagenbauanstalt Carl Stoll Dresden, 1895, Stahl, Holz
Inv.-Nr. IV/13

Der 1895 für die Dresdner Straßenbahn-Gesellschaft gebaute Pferdebahnwagen ist das einzige erhaltene Fahrzeug der Dresdener Wagenbauanstalt Carl Stoll.

Ein Jahr später wurde er für den elektrischen Straßenbahnbetrieb umgerüstet und erhielt zunächst nur einen Motor. Aufgrund der schwachen Motorleistung war damit kein Beiwagenbetrieb möglich.

Nach der Dresdener Liniennetzreform 1909, die festlegte, dass auf Linien mit geraden Nummern rote und auf denen mit ungeraden gelbe Wagen fuhren, fuhr der Triebwagen 761 auf der Ringlinie 4.

Die Reform legte fest, dass Linien mit gerader Nummer durch rote Wagen und die anderen Linien durch gelbe Wagen befahren werden mussten. So bekam der Wagen 1911 die noch heute vorhandene rote Lackierung sowie einen zweiten Motor.

Ab 1923 wurde er nur noch als Rangierwagen verwendet und 1931 ganz außer Betrieb gestellt.

Als ältestes Fahrzeug der Dresdener Straßenbahn nutzte man ihn weiterhin zu besonderen Anlässen. Nach dem Zweiten Weltkrieg wurde er zu einer fahrbaren Schlosserwerkstatt umfunktioniert und beim Bergen bombengeschädigter Wagen eingesetzt. Der zweiten Stilllegung wegen technischer Schäden 1947 folgte 1951 eine Generalüberholung und wiederum der Einsatz zu besonderen Anlässen. 1956 kam er ins Verkehrsmuseum Dresden.

Taschenuhr eines Schaffners der Deutschen Strassenbahngesellschaft in Dresden

Schild Fréres & Co. Grenchen, 1898, Metall, Glas
Inv.-Nr. IV/161

Um 1900 gehörte eine Taschenuhr zur Standardausrüstung jedes Straßenbahnschaffners. Als Dienstuhr war sie klar gegliedert und besaß eine eigene Sekundenanzeige. Wie auch andere Ausrüstungsgegenstände blieb die Uhr stets Eigentum der Straßenbahngesellschaft. Zu Dienstbeginn wurde sie vom Schaffner entgegengenommen und danach wieder abgegeben.

Zu besonderen Anlässen, z. B. bei langjährigen Dienstjubiläen zeichnete die Straßenbahngesellschaft ihre Angestellten mit Taschenuhren aus, die als besondere Wertgegenstände galten.

Diese Taschenuhr mit Silbergehäuse wurde von der Schweizer Uhrenfirma Schild Fréres & Co. hergestellt und durch die Dresdener Uhrengroßhandlung Dürrstein & Co. vertrieben. Sie wurde durch die „Deutsche Strassenbahngesellschaft in Dresden für treue Dienste dem Oberfahrer Wilhelm Horn 1898" überreicht, wie die unter dem Deckel eingravierte Widmung angibt.

Straßenbahntriebwagen 64 der Leipziger Elektrischen Straßenbahn AG

Waggonfabrik AG vorm. P. Herbrand & Cie. Köln-Ehrenfeld und Allgemeine Elektricitäts-Gesellschaft Berlin (AEG), 1897, Stahl, Holz
Inv.-Nr. IV/69

Der Triebwagen 64 der Leipziger Elektrischen Straßenbahn AG ist der älteste im Originalzustand erhaltene Straßenbahntriebwagen in Sachsen, der von Anfang an einen elektrischen Antrieb besaß.

In der Phase der „Elektrisierung", wie man um 1890 zu sagen pflegte, wurde damit begonnen, die Elektrizität auch zum Antrieb von Straßenbahnen einzusetzen. 1896 fing in Leipzig der elektrische Straßenbahnbetrieb an.

Die AEG Berlin baute ab 1890 komplette elektrische Straßenbahnbetriebe und elektrifizierte bereits vorhandene Pferdebahnen. Die Fahrgestelle und Wagenkästen dafür lieferten andere Hersteller, z. B. die Waggonfabrik Aktien-Gesellschaft vorm. P. Herbrand & Cie. in Köln-Ehrenfeld. Diese so genannten

„Herbrand-Wagen" verwendete man bei der AEG so häufig, dass sie zu einer Art Standard wurden. Die Ausführungen variierten nur in der Wagenlänge und damit auch in der Anzahl der Seitenfenster.

Der Triebwagen 64 stammt aus einer Serie von 70 Wagen. Typisches Ausstattungsdetail sind die oben gewölbten Holzrahmenfenster mit hölzernen Jalousien. Der Fahrgastraum bot 18 Sitzplätze sowie weitere sieben Stehplätze jeweils auf den offenen Plattformen.

Die Wagen wurden bis 1930 im Leipziger Linienverkehr eingesetzt. Einige nutzte man weiterhin noch als Arbeitswagen. Der Triebwagen 64, seit 1920 als 854 bezeichnet, wurde 1965 zur 800-Jahr-Feier der Stadt Leipzig restauriert und kam danach in die Sammlung des Verkehrsmuseums Dresden.

Dampflokomotive 99 535, Gattung Sächsische IV K

Sächsische Maschinenfabrik AG Chemnitz, 1898, Stahl
Inv.-Nr. IX/1–30

Die 99 535 ist die eine von drei im Originalzustand erhaltenen, nicht groß-teilerneuerten Loks dieser Gattung und wird seit 1968 im Verkehrsmuseum Dresden im letzten Betriebszustand gezeigt.

Sie hat einen Kohlevorrat von einer Tonne und einen Wasserkasteninhalt von 2,4 Kubikmetern. Die Spurweite beträgt 750 Millimeter. Bei einer indizierten Leistung von 250 PS ist die größte Geschwindigkeit 30 Kilometer pro Stunde.

1892 bis 1921 lieferte die Sächsische Maschinenfabrik vormals Richard Hart-mann AG Chemnitz 96 Schmalspur-lokomotiven der Gattung IV K an die Sächsischen Staatseisenbahnen.

Mit dem beweglichen Triebwerk der Bauart Günter/Meyer bestand die Möglichkeit, selbst engste Bogenradien problemlos zu durchfahren. Dadurch konnten die IV K-Lokomotiven die schwierigen topografischen Bedingungen des sächsischen Schmalspurnetzes hervorragend meistern. Sie waren auf fast allen Schmalspurstrecken in Sachsen im Einsatz.

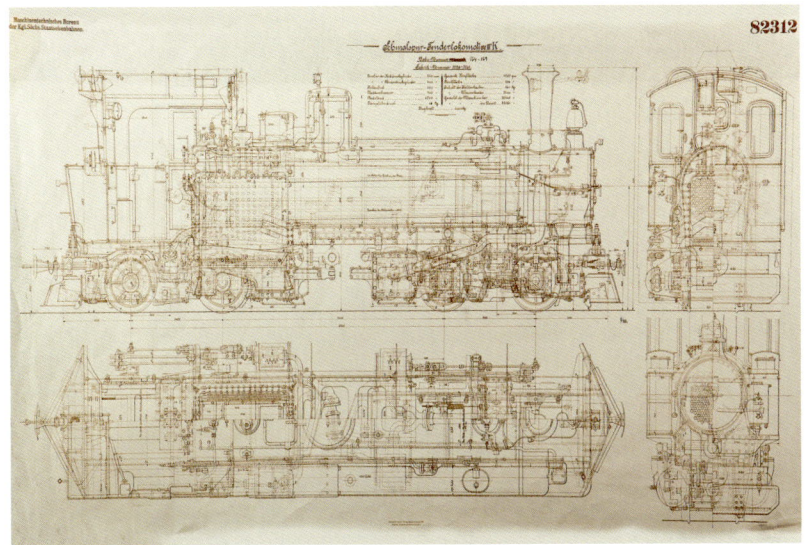

Konstruktionszeichnung einer Dampflokomotive der sächsischen Gattung IV K

Sächsische Maschinenfabrik AG Chemnitz, 1912 und
Reprint, Archiv-Verlag Braunschweig, 1999, Papier
Inv.-Nr. Zgb. 1193/09

Diese Übersichtszeichnung ist Bestandteil des Zeichnungssatzes zur sächsischen Schmalspurlok 99 535 (s. S. 124), der außerdem noch rund weitere 170 Detailzeichnungen umfasst.

Zum Bestand der Dokumentensammlung des Verkehrsmuseums Dresden gehören zahlreiche technische Zeichnungen weiterer Lokomotiven, darunter der sächsischen Schmalspurlokomotiven Gattung V K, VI K und VII K sowie die normalspurige Lok „Sachsenstolz" (s. S. 164).

Die originale Zeichnung aus der Dokumentensammlung des Verkehrsmuseums wählte der Archiv-Verlag Braunschweig 1999 zum Nachdruck aus.

Streckenläutewerk der Königlich Sächsischen Staatseisenbahnen

Um 1900, Holz, Stahl
Inv.-Nr. I/1042

Dieses sächsische Streckenläutewerk stammt vermutlich vom ehemaligen Posten 50 hinter Bad Brambach. Es ist komplett mit dem Gehäuse und der Fallscheibe erhalten.

Es kam 1990 ins Verkehrsmuseum Dresden und wurde 1997 restauriert.

Streckenläutewerke dienten zur Übermittlung von Informationen über Betriebsabläufe bei der Eisenbahn. Von einer Betriebsstelle zur nächsten wurde z. B. das Abfahren eines Zuges angekündigt. Sie lösten ab 1846 die rein optischen Signalsysteme des ersten Jahrzehnts der Eisenbahn ab.

Mit Einführung der elektrischen Telegrafie bei der Eisenbahn wurden die Läutewerke allmählich überflüssig, auf einigen Strecken waren sie aber noch bis 1920 im Einsatz.

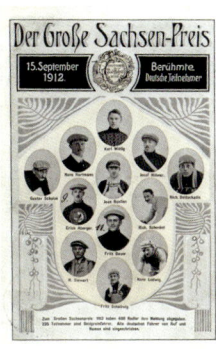

Ansichtskarten zur Verkehrsgeschichte

1. „Gruss vom Bahnhofsrestaurant Pirna", 1897, Pappe, Lithografie
Inv.-Nr. Zgb. 712/01

2. „4-Cylinder-Verbund-Eilzug-Locomotive der Königl. Sächs. Staatseisenbahnen", 1901, Pappe,
Prägekarte, Lichtdruck
Inv.-Nr. Pk 2022

3. „Eisenbahnunglück zwischen Werdau und Zwickau am 28. Dezember 1866", Verlag Louis
Engelmann Werdau, um 1900, Pappe, Lithografie
Inv.-Nr. Pk 2255

4. „Der große Sachsenpreis, 15. September 1912", um 1912, Pappe
Inv.-Nr. Zgb. 616/00

Seit 1872 können Reisende ihre Grüße von unterwegs per Postkarte versenden.

Bis 1905 wurde die Vorderseite der Karte beschrieben, da die Rückseite für die Adresse reserviert war. Später wurden Grüße, Mitteilungen und Adresse auf der Rückseite platziert.

Besonders beliebte Motive auf den frühen „Gruß-aus-Karten" waren Lithografien von Bahnhöfen, Verkehrsmitteln aber auch Katastrophen. Schon damals wurden Postkarten zur Werbung eingesetzt, rückseitig trägt z. B. die Karte zum „Sachsenpreis-Rennen" eine Reklame für Presto-Markenräder.

Die einst unbedeutende Karte zum Versenden von Grüßen dokumentiert so Verkehrsgeschichte und ist heute ein begehrtes Sammelobjekt.

Scherz–Postkarten zur Verkehrsgeschichte

1. „Jubiläumskarte zur Jahrhundertwende", 1900, Pappe, Prägekarte
Inv.-Nr. Pk 10609

2. „Glückliches Neues Jahr", um 1900, Pappe, Farbdruck
Inv.-Nr. Pk 9371

3. „Fröhliche Weihnachten", Weltpostverein, um 1904, Pappe, Prägedruck
Inv.-Nr. 10548

Die Jahrhundertwende 1900 war ein sensationelles Ereignis, wenn man den Verlegern von Postkarten glaubt. 1899 kam eine Jubiläumspostkarte in Umlauf, auf der alle Erfindungen des 19. Jahrhunderts zu finden sind: Fahrrad, Automobil, Luftschiff, Dampflok und Dampfschiff sowie das Telefon. Mit dem gleichfalls neuen Druckverfahren, der Lithografie, wurden Ansichtspostkarten jetzt massenhaft produziert und versandt.

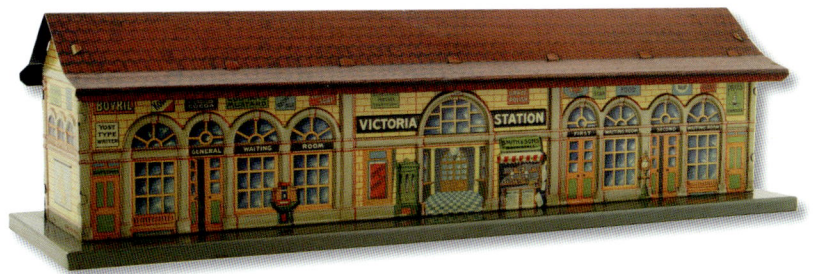

Modell des Bahnhofsgebäudes „Victoria Station"

Maßstab 1:32, Bing-Werke Nürnberg, vor 1932, Weißblech
Inv.-Nr. VI/2071

Zu den seit Ende des 19. Jahrhunderts verbreiteten Spielzeug-Eisenbahnen aus Blech gesellte sich ein komplettes Sortiment von Gebäuden, die bekannten Vorbildern nachgebildet waren. Aus Platzgründen vereinfachte man oft die Darstellung und konzentrierte sich auf das für den Reisenden unmittelbar wichtige Empfangsgebäude. Dieses Modell stellt die Victoria Station, einen der Hauptbahnhöfe Londons dar.

Der Bahnhof entstand 1862 in zwei Teilen und dient bis heute sowohl dem Eisenbahn- als auch dem 1868 eröffneten U-Bahn-Betrieb. Heute ist Victoria Station die meistgenutzte U-Bahn-Station in London.

Das handbemalte Modell der Firma Bing in Nürnberg befindet sich seit 1979 in der Blechspielzeug-Sammlung des Verkehrsmuseums Dresden.

Blick von der Bergstation der Dresdener Schwebebahn

Fotografie, um 1901
Inv.-Nr. Fs 7115

Die Dresdener Schwebebahn ist seit ihrer Erbauung ein attraktives Motiv für Fotografen und Ansichtskartenhersteller. Die Aufnahme aus dem Bildarchiv des Verkehrsmuseums Dresden zeigt neben Stahlträgern und Stützen der zweigleisig gebauten Bahnstrecke auch eine vergnügte Ausflugsgesellschaft.

Diese Schwebebahn ist noch heute ein zuverlässiges und beliebtes Verkehrsmittel für Dresdener und Touristen.

Streckenstückmodell der Dresdener Schwebebahn, 1902

Maßstab 1:25, 1973, Holz
Inv.-Nr. IV/106–109

Die Dresdener Schwebebahn wurde 1901, nur wenige Wochen nach der Wuppertaler Bahn, eröffnet. Sie führt von Loschwitz nach Oberloschwitz. Das Modell zeigt einen Teil des Gerüstes mit den beiden Tragebalken und drei Fahrzeuge: Der rote Wagen im Vordergrund zeigt die ursprüngliche Form von 1901. Das obere Modell demonstriert den Zustand um 1960 mit der oberen verglasten sowie der offenen Plattform für Fahrräder und Gepäck am unteren Wagenende. Die dritte modernisierte Bauform aus den 1970er Jahren wurde allerdings nie realisiert.

Die Einschienen-Hängebahn nach dem „System Langen" ist eine technische Besonderheit. Der Erfinder und Industrielle Eugen Langen (1833–1895) erfand die so genannte „Schwebebahn" für drei Einsatzgebiete: als Stadtbahn wie in Wuppertal, als Bergbahn wie in Dresden und als „Tropenbahn" für die deutschen Kolonien, die nur als Probebahn in Deutz bei Köln gebaut wurde.

Diorama der „Dresdner Haide–Bahn", 1903

Axel Dobberphul Berlin, 2003, Holz
Inv.-Nr. IV/403

Die „Dresdner Haide-Bahn" (Schreibweise für Heide um 1900) war eine der ersten Oberleitungsbus-Anlagen weltweit, die damals noch gleislose Bahnen genannt wurden.

Die 5,2 Kilometer lange Strecke wurde am 23. März 1903 eröffnet. Sie führte vom Straßenbahn-Endpunkt „Arsenal" (heute Industriegelände) bis zum Gasthof „Deutsche Eiche" in Klotzsche-Königswald. Erbaut wurde die Strecke durch den Dresdener Unternehmer und Konstrukteur Carl Stoll (1846–1907), der sich vom Schmiedegesellen emporgearbeitet hatte. In seiner „Dresdner Geschäfts-, Luxus- und Straßenbahnwagenfabrik" produzierte er Fuhrwerke und Straßenbahnwagen.

Die Stromabnahme erfolgte über einen Kontaktwagen, an dem ein Gewicht zur Stabilisierung hing. Im Winter zog man auf die Räder der Antriebsachse Eisreifen, zugleich wurde die Achse des Aufliegers durch Schlittenkufen ersetzt.

Der schlechte Straßenzustand und technische Unzulänglichkeiten führten 1904 zur Stilllegung der Strecke, die ursprünglich für Demonstrationszwecke dienen sollte.

Ein Auslandsauftrag aus Russland zerschlug sich wegen des Russisch-Japanischen Krieges. Daraufhin war Carl Stoll ruiniert und beging Selbstmord.

Das Diorama wurde im Auftrag der Nachkommen von Carl Stoll zum 100. Jahrestag der Eröffnung der Bahn angefertigt und dem Verkehrsmuseum Dresden übergeben.

Siegermedaille des Sächsischen Radfahrerbundes

Dresden, 1904, Metall
Inv.-Nr. VII/111

Der Sächsische Radfahrerbund diente wie ähnliche Vereine um 1900 dem technischen Erfahrungsaustausch über das noch junge Verkehrsmittel, der sportlichen Betätigung und natürlich auch der Geselligkeit.

Der Verein veranstaltete Radrennen und zeichnete die Gewinner mit aufwendig gestalteten Medaillen aus, die militärischen Orden nachempfunden waren.

Diese Medaille wurde am 17. Juli 1904 an den Sieger einer Distanzfahrt über 2000 Meter verliehen, wie aus der Gravur auf der Rückseite hervorgeht.

Der Sächsische Radfahrerbund e. V. mit Sitz in Leipzig wurde 1990 neu gegründet. Er zählt zu den 17 Landesverbänden des Bundes Deutscher Radfahrer e. V. und ist für die Betreuung der sächsischen Radsportvereine zuständig.

Pkw Prototyp Wanderer Nr. 2

Wanderer-Werke A.G. Schönau bei Chemnitz,1904, Stahl, Holz
Inv.-Nr. II/065

Der Wanderer Nr. 2 ist das erste komplette und fahrbereite Fahrzeug der Chemnitzer Fabrik.

1885 begannen die Wanderer-Werke mit der Produktion von Fahrrädern. Kurze Zeit später stellte man außerdem Werkzeugmaschinen und Schreibmaschinen her.

Der Automobilbau startete 1902/03 mit dem Bau des Pkw Wanderer Nr. 1, der jedoch nur bis zum Fahrgestell ausgeführt wurde.

1904 war der Prototyp Wanderer Nr. 2 fertig gestellt und erhielt eine

Karosserie der Berliner Firma Kühlstein. Auch dieses Fahrzeug blieb ein Einzelstück.

Die Serienproduktion begann 1911 mit dem Typ 5/12, genannt „Puppchen". Die Automobilabteilung der Wanderer-Werke wurde 1932 in die Auto-Union integriert.

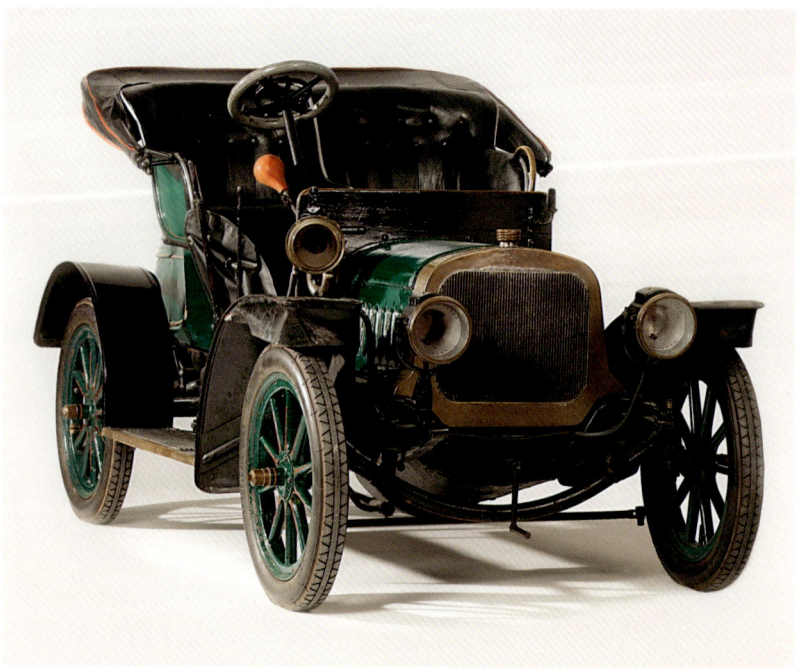

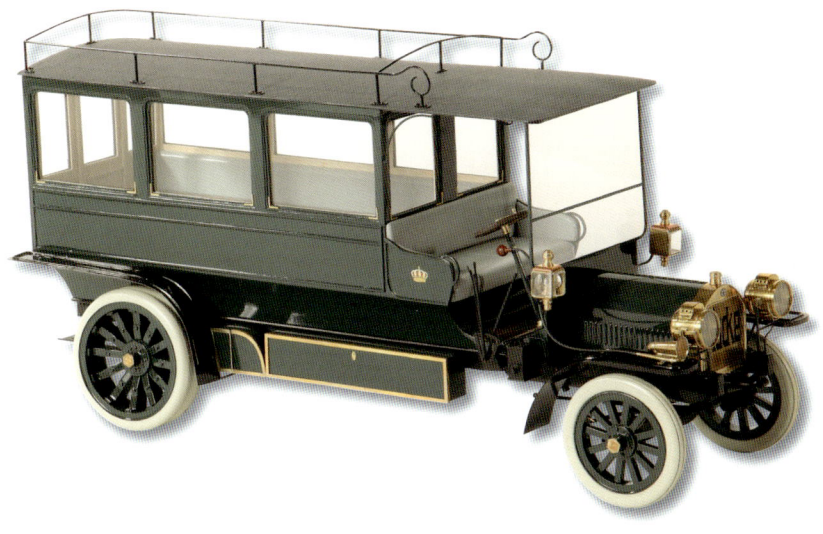

Modell des Nacke-Jagdomnibusses, 1906

Maßstab 1:10, Bodo Aust Radebeul, 2010, Metall
Inv.-Nr. II/6949

Der Jagdomnibus für den sächsischen König Friedrich August III. gilt als das erste sächsische Nutzfahrzeug. Er wurde 1906 in der Maschinenfabrik von Emil Hermann Nacke (1843–1933) in Kötitz (heute Teil von Coswig, Sachsen) hergestellt.

Bereits 1900 hatte Nacke in seiner Fabrik eine Abteilung für Automobilbau eingerichtet. Hier entstanden die ersten sächsischen Automobile, die er „Coswiga" nannte, sowie Lastwagen und Omnibusse. Die Pkw-Produktion wurde bereits vor dem Ersten Weltkrieg wieder eingestellt, der Bau von Nutzfahrzeugen aber bis 1933 fortgesetzt.

Der Jagdomnibus wurde von einem Vierzylinder-Viertakt-Ottomotor mit 4847 Kubikzentimetern Hubraum und 37 PS Leistung angetrieben. Die Karosserie stammte von der bekannten Luxuswagenfabrik Heinrich Gläser in Dresden. Der Bus hatte zehn Sitzplätze.

Mit diesem Fahrzeug konnten der König und seine Begleitung bequem und schnell zum Beispiel in das nahe gelegene Moritzburger Jagdgebiet gelangen. Der Chauffeur wurde vom Königlich Sächsischen Oberstallamt gestellt.

Der Verbleib des Fahrzeugs ist unbekannt. Vorlage für das Modell war unter anderem eine Zeichnung der Firma Gläser aus der Dokumentensammlung des Verkehrsmuseums Dresden.

Verkehrszeichen „Automobile, Halt !"

1906, Stahlguss
Inv.-Nr. II/283

In der Frühzeit des Automobilverkehrs existierten in Deutschland noch keine einheitlichen Verkehrszeichen. Erst 1910 wurde die Beschilderung gesetzlich eingeführt, neu war gleichzeitig die Verwendung von Symbolen anstelle der Ausführung in Schriftform.

Das Gesetz- und Verordnungsblatt für das Königreich Sachsen 1906, Heft 15 regelte in der Verordnung Nr. 66 den Verkehr mit Kraftfahrzeugen.

Zum Tempo heißt es im § 17 u. a.: „Die Fahrgeschwindigkeit ist jederzeit so einzurichten, dass Unfälle und Verkehrsstörungen vermieden werden. Jedenfalls darf innerhalb geschlossener Ortsteile die Fahrgeschwindigkeit das Zeitmaß eines im gestreckten Trabe befindlichen Pferdes – etwa 15 Kilometer in der Stunde – nicht überschreiten [...]".

Fahrrad-Acetylenlampe Modell „Detectiv"

Hermann Riemann, Chemnitz-Gablenz, um 1905, Messing vernickelt
Inv.-Nr. II/523

Acetylenlampen sind Gaslampen. Sie wurden 1902 in den USA patentiert und ersetzten die früheren Kerzenlaternen und Öllampen. Der Einsatz erfolgte an Fahrrädern, Motorrädern und Automobilen. Aber auch im Haushalt fanden sie Verwendung.

In der Lampe befinden sich getrennte Karbid- und Wasserbehälter. Zur Inbetriebnahme wurde dem Karbid in einem bestimmten Verhältnis Wasser zugesetzt. Daraus entstand Acetylengas, das entzündet wurde und mit kleiner Flamme brannte, ein Reflektor verstärkte die Leuchtkraft.

Mit der Erfindung des Fahrrad-Dynamos ging die Zeit der Acetylenlampen zu Ende.

Die Firma Hermann Riemann in Chemnitz war einer der bedeutendsten Hersteller von Fahrzeugteilen und Zubehör, darunter auch Acetylenlampen.

Modell der Dampflokomotive 38 1186, 1907

Maßstab 1:5, Reichsbahn-Ausbesserungswerk Halle (Saale), 1935, Metall
Inv.-Nr. I/3

Das Schnittmodell der Lok 38 1186 wurde 1935 in der Lehrwerkstatt des Reichsbahnausbesserungswerkes Halle (Saale) gebaut. Mit einer Länge von 2,30 Metern und einem Gewicht von 150 Kilogramm zählt es zu den größten und schwersten Modellen im Sammlungsbestand des Verkehrsmuseums Dresden.

Das Vorbild des Modells war viele Jahre im Bahnbetriebswerk Dresden-Altstadt beheimatet und wurde hier am 15. Mai 1967 außer Dienst gestellt. Die Ausmusterung erfolgte am 14. Juli 1969.

Die Personenzug-Dampflokomotiven der preußischen Gattung P 8 baute ab 1906 u. a. die Berliner Maschinenbau AG. Die Deutsche Reichsbahn führte die Loks unter der Baureihe 38. Dieser Lokomotivtyp erwies sich als äußerst zuverlässig und langlebig und war in ganz Europa verbreitet.

Abzeichen des Königlich Sächsischen Vereins für Luftschiffahrt

Um 1910, Emaille
Inv.-Nr. VII/292

Nachdem Oscar Erbslöh (1879–1910) aus Elberfeld (heute Wuppertal) 1907 das Gordon-Bennett-Rennen gewonnen hatte, setzte ein Boom bei der Gründung von Luftschiffer-Vereinen ein. Ihr Ziel war die Entwicklung der Freiballonfahrt und die Ausbildung von Ballonfahrern.

Auch in Sachsen kam es zur Gründung von Vereinen. In Dresden wurde am 25. Januar 1908 der „Königlich

Sächsische Verein für Luftschiffahrt" ins Leben gerufen, der für seine Mitglieder eigens ein Abzeichen herausgab.

Der erste Ballon des Vereins mit einem Volumen von 1437 Kubikmetern wurde 1908 auf den Namen „Dresden" getauft. Es folgten weitere Ballone unterschiedlicher Größe wie „Graf Zeppelin", „Elbe", „Heyden I", „Heyden II", „Riesa" und „Hilde".

Nachbau des Ballonkorbs „Plauen", 1908

1989, Holz, Weide, Leinen
Inv.-Nr. V/338

Der Ballon „Plauen" gehörte dem „Vogt-
ländischen Verein für Luftschiffahrt".
Er wurde am 5. Juli 1908 getauft und
absolvierte am gleichen Tag den ersten
Aufstieg. Das Volumen betrug 1700 Kubikmeter.

Im Rahmen des Gordon-Bennett-
Rennens in Berlin nahmen die Ballon-
fahrer Karl Hackstetter und Herbert
Schreiterer am 12. Oktober 1908 an

einer Dauerfahrt teil. Der Ballon trieb
durch die vorherrschende südöstliche
Windströmung auf die offene Nordsee
und stürzte ab. Glück im Unglück hatten die beiden Ballonfahrer. Sie wurden
samt Ballon von dem englischen Fisch-
kutter „Ruby" 450 Kilometer nordöstlich
vom englischen Hafen Hull gerettet und
an Land gebracht.

Modell des Luftschiffs LZ 4, 1908

Maßstab 1:20, um 1910, Gerüst mit Stoffüberzug
Inv.-Nr. V/49

Das 136 Meter lange und von zwei Daimler Motoren mit je 77 Kilowatt (105 PS) angetriebene Luftschiff sollte während einer 24-stündigen Dauerfahrt seine Leistungsfähigkeit unter Beweis stellen. Bei einem nächtlichen Landemanöver in Echterdingen bei Stuttgart am 4./5. August 1908 misslang bei Sturm die Verankerung.

Das steuerlose Luftschiff kollidierte mit einem Baum, fing Feuer und brannte völlig aus.

Mit diesem Unglück brach in Deutschland eine wahre Zeppelin-Euphorie aus. Spenden ermöglichten Ferdinand Graf von Zeppelin (1838–1917) den Bau eines neuen Luftschiffs.

Sammlerlöffel mit Zeppelinmotiv

Um 1908, Messing, Silber, Emaille
Inv.-Nr. V/675

Dieser emaillierte Sammlerlöffel aus
Messing zeigt das Konterfei des Grafen
von Zeppelin und das berühmte Luftschiff LZ 4 über dem Bodensee.

Eines der zeitgeschichtlichen Phäno-
mene in Deutschland war die Zeppelin-
Euphorie in der ersten Hälfte des
20. Jahrhunderts, die spätestens seit
dem Unglück von Echterdingen im
August 1908 ausbrach. Der Mythos
Zeppelin entstand. Neben Lotterien und
Spendenaufrufen gab es auch eine
grandiose Vermarktung unterschiedlicher Produkte mit dem Namen „Zeppelin".

Modell der Elstertalbrücke

Maßstab 1:100, Dresden, 1910, Papier und Holz
Inv.-Nr. I/63

Die Elstertalbrücke ist 68 Meter hoch und gilt nach der Göltzschtalbrücke als zweitgrößte Ziegelsteinbrücke der Welt. Sie überquert auf der Strecke Leipzig–Hof das Tal der Weißen Elster.

Die Grundsteinlegung fand am 7. November 1846 durch die Sächsisch-Bayerische Staatseisenbahn statt.

Die Bauzeit betrug fünf Jahre, bis zu 800 Arbeiter verbauten rund 12 Millionen Ziegelsteine. Für die Gründungen der Pfeiler verwendete man Granit, da-

rüber wurden zwei Etagen und Mittelbogen angelegt.

Die Wehrmacht sprengte die Brücke zum Ende des Zweiten Weltkrieges, der Wiederaufbau war 1950 abgeschlossen.

Das Brückenmodell ist 2,95 Meter lang und gibt den Bauzustand um 1910 wieder. Es stammt aus dem Sächsischen Eisenbahnmuseum und wurde in einer Werkstatt der Königlich Sächsischen Staatseisenbahnen hergestellt.

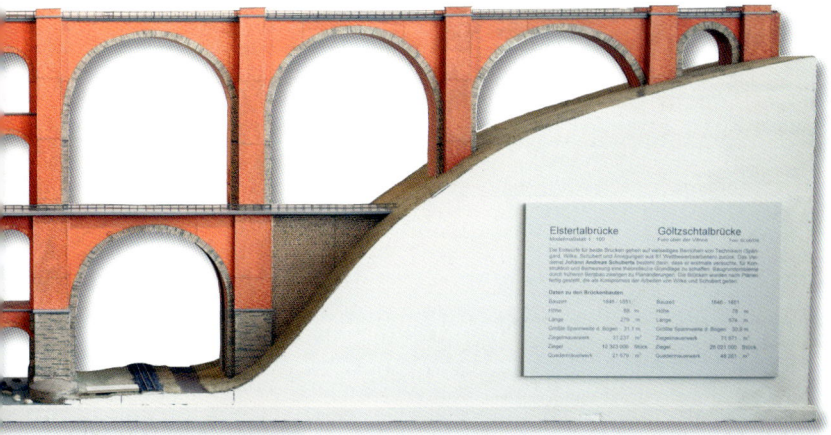

Lineal mit der Aufschrift „Königlich Sächsische Staatseisenbahnen"

Dresden, um 1910, Holz
Inv.-Nr. I/1326

Zu den Aufgaben der Generaldirektion der Königlich Sächsischen Staatseisenbahnen gehörte neben dem Betrieb der eigenen und der nach und nach verstaatlichten Privatbahnstrecken auch der Bau neuer Bahnanlagen. Zu diesem Zweck unterhielt die Verwaltung eine eigene Ingenieurabteilung, die bis zum Übergang in die Deutsche Reichsbahn 100 Ingenieure, Zeichner, Assistenten und Hilfskräfte beschäftigte. Aus dieser Abteilung stammt das vorliegende Lineal, das rückseitig durch eine Einprägung als Eigentum der Staatseisenbahnen gekennzeichnet ist.

Das Exponat kam 2008 ins Verkehrsmuseum Dresden.

Zahlmünze der Dresdner Straßenbahn-Gesellschaft

Dresden, um 1910, Aluminium, Papier
Inv.-Nr. VII/075-5

Von der Dresdener Straßenbahn und vielen anderen Straßenbahnbetrieben wurden Zahlmünzen ausgegeben, um den Schaffner das Kassieren des Fahrgeldes zu erleichtern. Gleichzeitig sollte der Bargeldumlauf auf den Wagen verringert werden.

Sie waren im Vorverkauf erhältlich, wobei ein Rabatt gewährt wurde.

Die Besonderheit dieser Zahlmünze ist die wie bei einer Hohlmünze gewölbte Rückseite, die mit runden Pappeinlagen bestückt werden konnte. Damit bot sich eine Werbefläche, welche die Straßenbahn-Gesellschaft als zusätzliche Einnahmequelle nutzte. Auf diese Weise warben insgesamt elf verschiedene Firmen in Dresden für sich und ihre Produkte, darunter Cafés, Bekleidungsgeschäfte, Tageszeitungen und Banken.

Eindecker von Hans Grade

Hans Grade Flieger-Werke Bork bei Berlin, 1909, Holz, Metall, Bambus, Stoff
Inv.-Nr. V/5

Der 1909 von Hans Grade (1879–1946) gebaute Eindecker ist seit 1960 im Verkehrsmuseum Dresden und besteht zum größten Teil aus Originalteilen. Nachgebaut sind Luftschraube und Motor.

Für den Bau des Rumpfes wurde Stahlrohr verwendet, die Tragflächen bestehen hauptsächlich aus Bambus. Außerdem setzte Grade hier seinen selbst entwickelten Motor mit 17 Kilowatt (24 PS) ein, der eine Geschwindigkeit von ungefähr 60 Kilometern pro Stunde ermöglichte.

Am 30. Oktober 1909 gewann Grade mit seinem berühmten Eindecker „Libelle" den Lanzpreis der Lüfte. In der Ausschreibung hieß es: „Das Flugschiff muss von einem Deutschen konstruiert, in allen seinen Teilen in Deutschland hergestellt sein und von einem Deutschen geführt werden". Um den Preis zu gewinnen, mussten zwei einen Kilometer voneinander entfernte Wendemarken in einer Acht umflogen werden.

Grade schaffte dies in knapp drei Minuten.

Gnôme Double Omega 14-Zylinder-Umlaufmotor

Société des Moteurs Gnôme, Paris, 1910, Metall
Inv.-Nr. V/34

Der originale Gnôme Omega Doppel-umlaufmotor mit 14 Zylindern ist der einzige in dieser Form, der in einem deutschen Museum gezeigt wird. Für das Exponat wurden die Ölpumpen, Zündmagneten und Vergaser nachge-fertigt und ergänzt. Die Dauerleistung des Motors betrug 74 Kilowatt (100 PS).

Die Brüder Louis (1869–1918) und Laurent Seguin (1883–1944) be-gannen 1907 mit dem Bau eines völlig neuen luftgekühlten Mo-tors, der sich von den bis dahin bekannten Motorkonstruk-tionen stark unterschied.

Bei dem 7-Zylinder-Motor, dem sie den Namen „Gnôme" gaben, drehte sich die Kurbelwelle nicht mehr in einem feststehenden Motorgehäuse, sondern der ganze Motor drehte sich um eine feststehende Achse. Bezeich-net wurde diese Motorenart als Rotati-ons- oder Umlaufmotor. Der Vorteil war ein günstiges Gewichts-Leistungs-Ver-hältnis, denn die Eigenrotation kühlte die Zylinder automatisch ab, so dass keine zusätzliche Wasserkühlung notwendig war. Die Motoren liefen zudem durch die Fliehkräfte der rotie-renden Zylinder gleichmäßiger und ruhiger.

Ein Nachteil war der hohe Schmierstoff- und Wartungs-bedarf. Die rotierende Masse des Motors bewirkte einen Kreiseleffekt, wodurch sich der Flugapparat schwieriger flie-gen ließ. Im Flug gab es für den Piloten nur eine geringe Regulierungsmöglichkeit der Umlaufgeschwindigkeit.

Die Leistung steigerte man durch die Anzahl der Zylinder und schließlich durch Anord-nung von zwei Zylindersternen hintereinander.

Trotz ihrer zuverlässigen Leistungen konnten sich Umlaufmotoren auf Dauer nicht durchsetzen. Nach dem Ersten Weltkrieg wur-den sie mehr und mehr von Reihen- und Sternmotoren verdrängt.

Nachbildung eines Fliegerinnenkostüms, 1910

Dresden, 2011, Stoff
Inv.-Nr. X-a/364

Die gebürtige Belgierin Hélène Dutrieu (1877–1961) hatte sich als Radrennfahrerin und Artistin einen Namen gemacht. Als Dreiunddreißigjährige erhielt Dutrieu 1910 als erste belgische Frau das Pilotenzeugnis. In der Folge nahm sie an vielen Wettbewerben und Flugvorführungen teil und stellte Rekorde auf. Sie gewann 1910 und 1911 den Coupe Femina, der von dem französischen Frauenmagazin „Femina" für Pilotinnen ausgeschrieben wurde.

Für die Ausübung des Motorfluges musste flugtaugliche Damenbekleidung erst entwickelt werden. Ein Pariser Modemacher kreierte extra für Dutrieu ein Kostüm im modischen Design.

Das Besondere an dem Kostüm war, dass es sich mit einigen Handgriffen von einem sportlichen Rock in eine Fliegerkombination verwandeln ließ. Damit entsprach das Kostüm der damaligen weiblichen Kleiderkonvention und trug der Zweckmäßigkeit Rechnung.

Fotografien und Zeitschrift aus dem Nachlass von Herrmann W. L. Moedebeck

1. Porträts von Leon Delagrange und Eduard Spelterini, um 1900, Pappe, Fotopapier
Inv.-Nr. M Kt7 und Bi 2098

2. „Illustrierte Aeronautische Mitteilungen", Verlag Gustav Braunbeck Berlin, 1910, Papier
Inv.-Nr. M 37

Herrmann W. L. Moedebeck (1857–1910) war ein begeisterter Befürworter und Förderer der Luftschifffahrt, Gründer von Luftschifffahrts-Vereinen und bemüht um wissenschaftliche Grundlagen.

Sein Nachlass enthält originale Foto- und Schriftdokumente aus den Anfängen der Ballon- und Luftschifffahrt. Besonders hervorzuheben ist die Briefsammlung Moedebecks, der mit bedeutenden deutschen und international bekannten Luftfahrt-Pionieren in Kontakt stand. Erhalten sind dadurch fast 100 Fotoporträts und Autografe berühmter Persönlichkeiten, wie Octave Chanute (1832–1910), der Brüder Wilbur (1867–1912) und Orville Wright (1871–1948) sowie Leon Delagrange (1873–1910), Präsident des Aero-Club de France und des Schweizer Luftbild-Fotografen Eduard Spelterini (1892–1931).

Moedebeck hatte großen Anteil an der Gründung der „Internationalen Kommission für wissenschaftliche Luftfahrt" und förderte die wissenschaftliche Zusammenarbeit in Luftschifferkreisen. Besondere Verdienste erwarb er sich als Herausgeber der „Illustrierten Aeronautischen Mitteilungen", der ersten und bedeutendsten Luftschiffer-Zeitschrift im deutschsprachigen Raum. Moedebeck veröffentlichte 1886 seine Forschungsergebnisse und Erfahrungen im „Handbuch der Luftschiffahrt". Weitere Nachschlagewerke, u. a. über Fachausdrücke der Luftschiffersprache und die Herstellung von Landkarten zur Navigation der Luftschiffe, folgten.

Polizeimarke für Bahnpolizeibeamte der Königlich Sächsischen Staatseisenbahnen

Um 1912, Messing
Inv.-Nr. VII/264

Die Marke diente den Beamten der Bahnpolizei bei den Königlich Sächsischen Staatseisenbahnen als Ausweis. Jede Marke trug eine bestimmte Kennzahl, wie hier die Nummer 15846, womit der betreffende Träger identifiziert werden konnte.

Ursprünglich wurden Bahnpolizeien bei Privat- oder Länderbahnen eingerichtet und hatten eigene Verordnungen, die Aufgaben und Befugnisse der Beamten festlegten.

1872 wurde ein reichseinheitliches „Bahnpolizei-Reglement für die Eisenbahnen Deutschlands" eingeführt, das 1904 in die „Eisenbahn-Bau- und Betriebsordnung" (EBO) einging. Neben Bahnpolizeibeamten gab es zusätzlich Betriebseisenbahner, die nebenamtlich Polizeifunktionen ausübten.

Bei der Deutschen Bundesbahn bestand die Bahnpolizei noch bis zum 31. März 1992 und wurde dann in den Bundesgrenzschutz überführt.

In der Sowjetischen Besatzungszone wurde 1946 eine Bahnpolizei eingeführt, die nicht mehr der Deutschen Reichsbahn unterstellt war, sondern der Verwaltung des Inneren. Ab 1949 gehörte sie als Transportpolizei zum Ministerium des Inneren, war also ein Zweig der regulären Polizei.

KRAFTWAGENLINIE
DER KGL. SÄCHS. STB.

HALTESTELLE

Omnibus-Haltestellenschild der Königlich Sächsischen Staatseisenbahnen

1912, Stahl, Emaille
Inv.-Nr. II/364

Die Einführung von Kraftomnibussen als neues Verkehrsmittel geschah in Sachsen sehr langsam. Ab 1910 wurden erste Linien eröffnet, zum Teil durch private Betreiber bzw. durch die Fahrzeughersteller selbst.

Viele interessierte Kommunen konnten aus wirtschaftlichen Gründen keine Omnibusverbindungen einrichten.

Daraufhin eröffneten die Königlich Sächsischen Staatseisenbahnen mehrere Kraftomnibuslinien, die ab 1912 von der Staatlichen Kraftwagenverwaltung betrieben wurden.

Die Länge des Liniennetzes betrug Anfang 1913 in Sachsen fast 500 Kilometer.

Reisekoffer eines von der „Titanic" geretteten Mädchens

1912, Pappe, Metall
Inv.-Nr. III/457

Kaum ein Schiffsunglück schockierte und fasziniert zugleich bis heute so sehr wie der Untergang der „Titanic" in der Nacht vom 14. auf den 15. April 1912.

Das Flaggschiff der britischen White Star Line-Reederei galt aufgrund seiner Konstruktion als unsinkbar. Auf der Jungfernfahrt von Southampton nach New York kollidierte die „Titanic" 480 Kilometer südlich von Neufundland mit einem Eisberg. Das Schiff sank innerhalb von zweieinhalb Stunden. Etwa 1500 der 2200 Menschen an Bord starben. Zu den wenigen Überlebenden gehörten auch die siebenjährige Eva Hart und ihre Mutter aus England. Sie wollten zusammen mit ihrem Vater nach Kanada auswandern. Nach der Kollision brachte der Vater Mutter und Tochter eingehüllt in eine Decke an Deck. Beide verließen die sinkende „Titanic" im Rettungsboot Nr. 14. Eva sah ihren Vater nie wieder. An Bord der „Carpathia" trafen sie am 18. April in New York ein. Ihnen war nur das geblieben, was sie am Leib hatten. In New York sammelten die Menschen Kleidung und andere Gegenstände für die Schiffbrüchigen. Eva bekam diesen kleinen Reisekoffer geschenkt, indem all ihre Habseligkeiten Platz fanden. Sie und ihre Mutter kehrten nach England zurück. Trotz dieses ihr Leben bestimmendes dramatisches Erlebnis unternahm Eva Hart noch öfter Schiffsreisen. Sie bewahrte den Koffer bis zu ihrem Tod im Alter von 91 Jahren auf.

Karosserie eines Horch-Omnibusses (Fragment)

Sächsische Waggonfabrik Zwickau, 1913, Holz, Metall
Inv.-Nr. II/6869

Das Fragment ist die älteste bekannte Bus-Karosserie in Sachsen und besitzt heute noch teilweise originale Glasscheiben und Beschläge. Das Exponat war ursprünglich auf einem Fahrgestell vom Typ Horch 25/60 aufgebaut.

Die Königlich Sächsischen Staatseisenbahnen richteten 1913 die ersten eigenen Kraftomnibusverbindungen ein. Für den Betrieb wurden Fahrgestelle der Hersteller Daimler, Nacke, Saurer oder eben Horch gekauft, die von der Sächsischen Waggonfabrik vormals Schumann in Zwickau ähnliche Karosserien erhielten.

Der Bus fuhr bis ungefähr 1930 im regulären Linienbetrieb und wurde anschließend mehr als 75 Jahre lang als Gartenlaube genutzt.

Äußerlich kaum erkennbare Unterschiede der Karosserien kamen durch geringfügig abweichende Maße der Chassis zustande, die letztendlich zur Identifizierung des Fragments als Horch-Karosserie beitrugen.

Modell der Luftschiffhalle Kaditz mit Luftschiff LZ 17 „Sachsen", 1913

Maßstab 1:200, Roland Fuhrmann Berlin, 1988, Holz, Metall, Pappe
Inv.-Nr. V/329

Die zivile Doppelluftschiffhalle war Teil des ersten „Städtischen Land- und Wasser-Flugplatzes Dresden", der am 26. Oktober 1913 feierlich eröffnet wurde. Zur Einweihungsfeier erschien auch das Zeppelin-Luftschiff LZ 17 „Sachsen".

Am 18. April 1913 vergab der Rat der Stadt Dresden an die Zeppelin-Hallenbau GmbH Berlin den Auftrag zum Bau einer Luftschiffhalle. In einer Rekordzeit von sechs Monaten und sechs Tagen errichtete das Unternehmen die 191 Meter lange, 58 Meter breite und 37 Meter hohe Halle. Die Baukosten betrugen rund 580 000 Mark.

In der Luftschiffhalle konnten gleichzeitig zwei Luftschiffe untergebracht werden, die von Haltemannschaften auf Schienen durch die geöffneten Tore gezogen wurden. Im Mittelteil der Halle befanden sich ein Aufenthaltsraum für Passagiere, eine Toilette und ein Büroraum. Ein etwas außerhalb gelegenes eingeschossiges Wirtschaftsgebäude ergänzte den Komplex.

Der Ausbruch des Ersten Weltkrieges am 1. August 1914 beendete abrupt die zivile Nutzung des Flugplatzes. Die Militärverwaltung beschlagnahmte das gesamte städtische Flugplatzareal. Hauptaugenmerk der veränderten Nutzung war der Bau einer Militärluftschiffhalle im nördlichen Teil des Geländes.

Während des Krieges operierten von Dresden-Kaditz aus mehrere militärische Luftschiffe. Kurzzeitig fand hier auch die Ausbildung von Luftschiffern der kaiserlichen Marine statt.

Aufgrund der Kapitulation Deutschlands im Ersten Weltkrieg wurde am 28. Juni 1919 der Versailler Vertrag unterzeichnet. Einige Artikel des Vertrages betrafen die Luftfahrt in Deutschland. So mussten z. B. alle Luftschiffe an die Alliierten abgegeben und alle Luftschiffhallen zerstört werden. Die Kaditzer Hallen wurden 1921 abgerissen. Damit endete die Ära Dresdens als Luftschiffhafen.

Fotografie vom Flugstart Hermann Reichelts, 1914

Dresden, um 1909–1914, Papier
Inv.-Nr. Th 39

Der Dresdener Flugpionier Hermann Reichelt (1878–1914) führte 1909 mit einem selbst konstruierten Gleitflugzeug erste Flugversuche auf dem Dresdener Heller durch.

1912 erhielt er das Pilotenpatent und gründete die Fliegerschule Aero GmbH auf dem Flugplatz in Dresden-Kaditz. 1913 wurden dort 12 Flug-schüler ausgebildet und an den Wochenenden fanden Schauflüge statt. Bei einer Flugveranstaltung am Karfreitag 1914 verunglückte Reichelt tödlich mit seinem Harlan-Eindecker in Dresden.

Einer seiner drei Söhne schenkte dem Verkehrsmuseum Dresden 1971 eine Mappe mit Foto- und Zeitdokumenten, die auch dieses Foto enthält.

Siegelmarken von Eisenbahngesellschaften

1871–1920, Papier
Inv.-Nr. XIII/1

Siegelmarken, auch Briefverschluss-
marken genannt, dienten früher zum
sicheren Verschließen von Briefen.
Verwendet wurden sie von den unterschiedlichsten Behörden, Dienststellen
und Vereinen der Eisenbahn.

Unbefugte konnten die Sendungen
nicht öffnen, ohne dabei sichtbare Spu-
ren zu hinterlassen. Sie waren einfacher
zu handhaben als die bisher üblichen
Wachssiegel. Heute sind Siegelmarken
eher seltene Zeitdokumente, da sie beim
Öffnen der Briefe meist zerrissen wurden.

Nachdruck des Briefpapiers der „Titanic" mit Umschlag, 1912

Balthaser North American Corporation Inc. Ambler, Pennsylvania, USA, Papier, 1983
Inv.-Nr. Zgb. 918/03/Kt.I

Die bis heute andauernde Faszination des Themas „Titanic" findet in zahlreichen aktuellen Veröffentlichungen Ausdruck, wie z. B. im Nachdruck des originalen Briefpapiers, das den Passagieren 1912 kostenlos zur Verfügung gestellt wurde.

2003 erhielt das Verkehrsmuseum Dresden die umfangreiche private Sammlung als Schenkung, die Dokumente zum Untergang und dem Schicksal der Schiffbrüchigen sowie zur Geschichte der Hochseepassagierschifffahrt allgemein beinhaltet.

1918–1945:
Der Beginn
der individuellen
Modernisierung

1918–1945:
Der Beginn der individuellen Motorisierung

Nach vielen vergeblichen Anläufen vor dem Ersten Weltkrieg entstand als direkte Folge der Niederlage des Deutschen Reichs die Deutsche Reichsbahn – das erste gesamtdeutsche Eisenbahnunternehmen. Die Eisenbahn sah sich in den Jahren nach 1918 erstmals ernsthafter Konkurrenz auf der Straße und bald auch aus der Luft ausgesetzt. So wurden Lastkraftwagen im Ersten Weltkrieg massenhaft produziert. Private Fuhrunternehmen übernahmen diese Fahrzeuge nach dem Krieg.

Flugzeuge wurden im Ersten Weltkrieg ebenfalls erstmals in großer Zahl eingesetzt. Obwohl die Anforderungen an Kriegsmaschinen ganz andere waren als an konkurrenzfähige Passagierflugzeuge, konnten viele Erfahrungen der Luftfahrtingenieure aus ihren Kriegseinsätzen für die Weiterentwicklung leistungsfähiger Passagiermaschinen genutzt werden. Hugo Junkers gab mit seiner F 13, dem ersten zivilen Ganzmetallflugzeug der Welt, schon 1919 die Richtung vor. Auch die Zeit der Linienflüge begann bereits 1919. Am 1. März startete die Deutsche Luftreederei mit Flügen zwischen Berlin und Hamburg sowie Berlin und Warnemünde in das Zeitalter der Verkehrsfliegerei.

Die Zeit der Ozeanriesen, die nach wie vor die Hauptverbindung zwischen den Kontinenten darstellten, begann sich langsam ihrem Ende zuzuneigen. Riesige Luftschiffe stellten in den zwanziger Jahren eine ganz neue Möglichkeit dar, zwischen den Kontinenten zu reisen. Erste Passagierflugzeuge, so genannte Flugboote wie die Do X, schafften ab 1930 ebenfalls den Sprung über die Ozeane und kündigten die Epoche der Transkontinentalflüge an.

Das in Fließbandtechnik gefertigte Automobil begann nach dem Ersten Weltkrieg weltweit seinen Siegeszug. Deutschland blieb zunächst, was Fertigungszahlen und Fertigungstechnik anging, weit hinter Ländern wie Frankreich, England oder den USA zurück. So wurden zwischen 1927 und 1929 50 000 amerikanische Automobile in Deutschland montiert und über 30 000 impor-

tiert. Alle deutschen Automobilunternehmen produzierten in derselben Zeit-
spanne nur etwa 200 000 Fahrzeuge. 1929 waren insgesamt 433 000 PKW
angemeldet. Demgegenüber standen 600 000 Krafträder. In München etwa
waren nur 9624 Autos eingetragen. Erschwingliche Kleinwagen blieben die
Ausnahme, produziert wurde vor allem für die Mittel- und Oberklasse. Für die
überwiegende Zahl der Menschen blieb die Eisenbahn bis in die fünfziger
Jahre hinein das wichtigste Verkehrsmittel.

Die Grundlagen für die Massenmotorisierung der fünfziger und sechziger
Jahre wurden aber schon Anfang der dreißiger Jahre gelegt. Straßen erhielten in großem Umfang staubfreie Beläge. Die erste Autobahn wurde bereits
am 6. August 1932 zwischen Köln und Bonn vom damaligen Kölner Oberbür-
germeister Konrad Adenauer eröffnet. Die Deutsche Reichsbahn bekam
schließlich unter den nationalsozialistischen Machthabern den Auftrag, ein
deutschlandweites Autobahnnetz aufzubauen, das 3896 Kilometer am Ende
des Jahres 1943 umfasste.

Das bei allen *Phänomenwagen*
vorgesehene *Montagebrett*
räumt sämtliche *Apparate* auf.
Das *Vorteilhafte* dieser *Anordnung* ist *augenfällig*

Verkaufsprospekt „Phänomen Kraftwagen"

Phänomen-Werke Gustav Hiller A. G. Zittau, um 1915, Papier
Inv.-Nr. P008/010

Der undatierte Verkaufsprospekt der
Zittauer Phänomen-Werke unterscheidet sich von den meisten Vertretern
dieser Art durch seine künstlerische
Ausgestaltung im Stil des Art déco.
Dafür hatte die Firma sogar den renommierten Kunstmaler und Schriftkünstler
Adolf Abraham Behrmann (1876–1942)
in Berlin engagiert. Die besondere Ausstattung sollte wohl die ebenso edlen
Produkte hervorheben, denn die hohe
Qualität aller verwendeten Materialien
wird ebenfalls in jedem Satz erwähnt.

Angeboten wurden mehrere Pkw-Aus-
führungen, darunter Landaulet, Sport-
Phaeton und Limousine sowie ein
Krankenwagen und ein Lieferwagen.
Auch der 1914 auf Basis des Pkw für
den Kriegseinsatz entwickelte Phäno-
men-Lastwagen wurde beworben.
    Die Umwandlung der 1888 von Gus-
tav Hiller (1863–1913) gegründeten
Fahrradwerke in eine Aktiengesellschaft
im Jahr 1914 bietet einen weiteren An-
haltspunkt zum Erscheinungsjahr des
Prospekts.

Dampflokomotive 19 017 „Sachsenstolz", Sächsische Gattung XX HV

Sächsische Maschinenfabrik AG Chemnitz, 1922, Stahl
Inv.-Nr. IX/1-5

Die 19 017 ist die einzige erhaltene Lokomotive der sächsischen Gattung XX HV und befindet sich seit 1979 im Eigentum des Verkehrsmuseums Dresden.

1918 stellte die Sächsische Maschinenfabrik vormals Richard Hartmann AG Chemnitz eine vierfach gekuppelte Vierzylinder-Schnellzuglokomotive vor. Sie war die leistungsstärkste Dampflokomotive der Länderbahnzeit. Die für damalige Verhältnisse riesigen Dimensionen und Leistungsdaten brachten ihr den Beinamen „Sachsenstolz" ein.

Zwischen 1918 und 1923 beschafften die Sächsische Staatsbahnen bzw. die Deutsche Reichsbahn insgesamt

23 Loks der Baureihe 19.0, die hauptsächlich im Reisezugdienst zwischen Görlitz, Dresden, Chemnitz und Hof eingesetzt wurden.

Die 19 017 wechselte mehrfach zwischen den Betriebswerken Dresden-Altstadt, Chemnitz Hauptbahnhof und Reichenbach. 1951 kam sie als Bremslok für die Fahrzeug-Versuchsanstalt zum Bahnbetriebswerk Halle (Saale) P.

Nach ihrer Ausmusterung wurde die 19 017 in die Liste erhaltungswürdiger Dampflokomotiven aufgenommen.

1972/73 erfolgte die museumsgerechte Aufarbeitung im Reichsbahnausbesserungswerk Meiningen.

Modell eines Bergmann-Elektrowagens, um 1925

Maßstab 1:43, Edition 1000 der Deutschen Post AG, China, 2010, Metall, Kunststoff
Inv.-Nr. XXX/244

Das Modell zeigt einen Lieferwagen mit Antrieb durch Elektro-Akkumulatoren, wie er von der Deutschen Reichspost ab Ende der 1920er Jahre verwendet wurde. Derartige Fahrzeuge fuhren leise und ohne Abgase, hatten aber nur eine begrenzte Reichweite von etwa 60 Kilometern und erreichten höchstens ein Tempo von 30 Kilometern pro Stunde.

Damit waren sie ideal für die Auslieferung von Paketen und ähnlichen Sendungen innerhalb der Städte geeignet, wo zwar nur kurze Entfernungen, dafür aber häufige Zwischenstopps anfielen. Der Antrieb vom Elektromotor auf die Hinterachse erfolgte über Ketten, aufgrund des typischen Surrens bekamen die Fahrzeuge den Spitznahmen „Suppentriesel".

Von 1924 bis 1940 wurden die Wagen von der Bergmann Elektrizitäts-Werke AG in Berlin gebaut. Sie waren so robust, dass einige noch 1968 im Einsatz waren.

Pkw Pilot 6/30 PS

Pilotwagen AG Bannewitz bei Dresden, 1926, Stahl, Holz
Inv.-Nr. II/909

In Dresden und Umgebung werden seit über 100 Jahren Automobile hergestellt, so z. B. in der Pilotwagen AG in Bannewitz, die in den 1920er Jahren damit begann.

Die Firma baute nur wenige hundert Fahrzeuge und stellte die Produktion bereits 1928 wieder ein. Heute gibt es noch drei Wagen dieser Marke, die bekannt sind.

Die meisten Pilotwagen Typ 6/22 und 6/30 erhielten ihre Karosserie von der Sächsischen Waggonfabrik Werdau.

Eine Ausnahme ist der Pilot 6/30 PS im Verkehrsmuseum Dresden, dessen Aufbau von der renommierten Dresdener Karosseriebaufirma Gläser hergestellt wurde.

Modell des Seitenraddampfers „Dresden", 1926

Maßstab 1:50, Franz Grunt Königstein, Sachsen, Holz, Metall
Inv.-Nr. III/226

Der Dampfer „Dresden" ist bis heute das Flaggschiff der sächsischen Schiffsflotte.

Die ersten Dampfschifffahrten auf der Oberelbe gab es bereits 1837. Im Raum Dresden wurden die Raddampfer immer mehr zu einem Massenverkehrsmittel und bewältigten einen großen Teil des Nahverkehrs. Der Ausflugsverkehr in die Sächsisch-Böhmische Schweiz entwickelte sich erst zum Ende des 19. Jahrhunderts.

Die gestiegenen Passagierzahlen erforderten neue und leistungsfähigere Dampfschiffe. Am 28. April 1926 lief auf der Werft in Laubegast der Seitenraddampfer „Dresden" nach nur sechsmonatiger Bauzeit vom Stapel. Er war mit einer Länge von 68,70 Metern und einer Breite über den Radkästen von 12,72 Metern für 1363 Fahrgäste und eine Besatzung von acht bis zehn Mann ausgelegt.

Nach einer Reihe von Modernisierungen kann das Schiff heute 415 Gäste befördern, für die nur noch vier Mann Besatzung verantwortlich sind. Elegante Salons und großzügige Freidecks zeichnen diesen so genannten Salondampfer aus.

Modell eines Doppelschraubendampfers

Maßstab 1:160, Bing, Nürnberg, um 1926, Blech
Inv.-Nr. VI/4938

Die Firma Bing in Nürnberg stellte neben Eisenbahn- und Straßenfahrzeugen auch maßstabsgetreue Schiffsmodelle her. Da sich diese nicht an einer bestehenden Spurweite wie bei der Eisenbahn orientieren mussten und zugleich sehr große Originale als Vorbild hatten, wurde hier der unübliche Maßstab 1:160 gewählt.

Diesem Modell lag kein spezielles Schiff zugrunde, es wurde vielmehr der weit verbreitete Typ eines Doppelschraubendampfers als Vorbild genommen. Aus diesem Grund trägt das Modell auch keien Namen.

Der Antrieb geschieht durch ein mechanisches Uhrwerk. Dieses an den Wanduhren orientierte Antriebssystem wurde später durch den Batteriebetrieb ersetzt.

Das Modell kam im September 1998 ins Verkehrsmuseum Dresden.

Motorrad „Böhmerland"

Albin Liebisch, Schönlinde, Böhmen (heute Krasná Lípa, Tschechien), 1927, Stahl
Inv.-Nr. II/034

Der Textilfabrikant Albin Liebisch (1888–1965) stellte von 1924 bis 1938 zunächst in Schönlinde und später in Schluckenau (heute Šluknov, Tschechien) Motorräder her. Produziert wurde in Kleinserie. Bei Farbgebung, Bauform des Lenkers und weiteren Details ging man auf die Kundenwünsche ein. So glich keine Maschine der anderen.

Die Motorräder trugen in der Tschechoslowakischen Republik (ČSR) den Markennamen „Čechie", der für die Kunden in Deutschland und Österreich einfach in „Böhmerland" übersetzt wurde. Nur wenige Händler führten damals diese Krafträder, die meisten wurden direkt vom Hersteller verkauft.

Durch das extrem lange Fahrgestell war sozusagen die erste „Familienmaschine" geboren, denn sie bot Platz für drei Personen. Die Böhmerland konnte auch mit Seitenwagen gefahren werden. Er wurde auf der linken Fahrzeugseite montiert, da in der ČSR noch bis 1938 die Linksfahrordnung galt.

Verkehrszeichen „Bahnübergang"

1910–1927, Stahl, Emaille
Inv.-Nr. II/577

11. Oktober 1909 geregelt. Diese ersten Verkehrsschilder wurden im Reichsgesetzblatt von 1910 Nr. 21 in Anlage D beschrieben.

Sie sollten in Verantwortung der Länder bevorzugt an Gefahrenstellen außerhalb von Ortschaften aufgestellt werden. 1927 wurden sie durch die heute verwendeten dreieckigen Warnschilder ersetzt.

Da die Schilder immer im Blickfeld der Kraftfahrer standen, wurden sie häufig mit Reklame-Aufschriften versehen. Beispielsweise bot ab 1926 der Vorläufer des heutigen Shell-Konzerns unter der Marke „Stellin" Benzin an. Genauso warb auch der noch heute bestehende Automobilclub von Deutschland für sich.

Die „Aufstellung von Hinweistafeln an öffentlichen Wegen" wurde erstmalig im „Internationalen Abkommen über den Verkehr mit Kraftfahrzeugen" vom

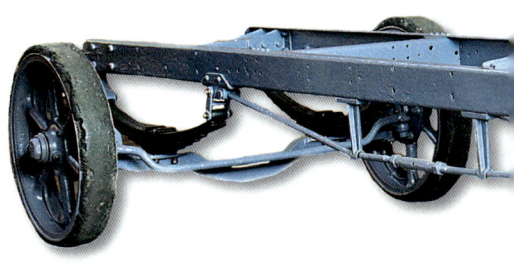

Lkw-Fahrgestell Nacke 4,5 t

Automobilfabrik E. Nacke Coswig, Sachsen, 1927, Stahl
Inv.-Nr. II/6890

Das Fahrgestell eines 4,5-Tonnen-Lkw ist das einzige bekannte Fahrzeug, das aus der mehr als 30-jährigen Produktionszeit der Automobilfabrik E. Nacke in Coswig, Sachsen erhalten blieb. Am Lkw-Fahrgestell fällt besonders die schneckenradgetriebene Hinterachse auf.

1927 lieferte Nacke diesen Lastwagen an einen Steinbaubetrieb im Erzgebirge aus. Die bei der Restaurierung entdeckte Fahrgestellnummer machte die genaue Identifizierung möglich.

Seit ungefähr 1903 stellte die Fabrik Lastkraftwagen her, die in alle Welt exportiert wurden. Sie galten als solide und sicher. Die Firma produzierte Fahrzeuge nach dem Baukastensystem und ging auch auf Kundenwünsche ein. Fotografien und Firmenprospekte zeigen den vielfältigen Einsatz für Brauereien, als Kipper, Tankwagen sowie Feuerwehr.

Seit Mitte der 1920er Jahre bis zum Ende der Fahrzeugproduktion wurde bei Nacke erfolgreich der Schneckenradantrieb angewendet. Die Höchstgeschwindigkeit dieser Lkws lag bei 25 bis 35 Kilometern pro Stunde. Trotz des hohen Wirkungsgrades und geräuscharmen Laufes setzte er sich jedoch in Deutschland nicht durch.

Fahne des Eisenbahn-Vereins Naumburg (Saale)

Naumburg (Saale), 1928, Tuch
Inv.-Nr. X-c/18/3

Die Fahne des Eisenbahn-Vereins Naumburg, Saale trägt auf der Vorderseite den Vereinsnamen und das Flügelrad, eingefasst von zwei Eichenzweigen. Unter dem Flügelrad ist das Stadtwappen von Naumburg dargestellt. Die Ecken werden von vier Eichenkränzen eingerahmt. Die Mitte der Rückseite ziert eine Ansicht des Naumburger Doms. Die Inschrift „Im schweren Stand Hand in Hand" deutet die Absicherung von Vereinsangehörigen und deren Hinterbliebenen an. Die Mitglieder der Eisenbahn-Vereine waren damals Bahnangestellte, nach deren Ableben ihre Witwen und Waisen finanziell abgesichert waren.

Die Fahne hat eine goldene Bordüre und sechs Ringe, die an einer Fahnenstange befestigt werden konnten.

Sie kam nach der Gründung des Verkehrsmuseums Dresden Anfang der 1950er Jahre in den Sammlungsbestand.

Lkw Büssing Typ VI GL mit Möbelkoffer

Heinrich Büssing AG Braunschweig, 1928, Stahl, Holz
Inv.-Nr. II/324

Der Büssing-Lkw Typ VI GL mit einem Möbelkoffer-Aufbau der Freitaler Firma Paul Mittag war bei der Dresdener Spedition Robert Seidel von 1928 bis 1972 im Einsatz.

Es ist einer der ältesten Zeitzeugen dieser Art.

Bereits seit 1903 hatte die Firma von Heinrich Büssing (1843–1929) in Braunschweig Erfahrungen im Bau von Nutz-fahrzeugen gesammelt. Sie zeichneten sich von Anfang an durch Solidität und Innovation aus. 1925 stellte die Fabrik den „Sechsradwagen" vor, der ein großer Erfolg wurde. In den sächsischen Kraftverkehrsunternehmen waren Ende der 1920er Jahre viele Fahrzeuge dieser Marke im Einsatz. Bei der Dresdner Straßenbahn AG z. B. betrug der Anteil der Büssing-Omnibusse rund 95 Prozent.

Modell des Luftschiffs LZ 127 „Graf Zeppelin", 1928

Maßstab 1:200, Kupfer, Nylon
Inv.-Nr. V/67

Das Luftschiff LZ 127 „Graf Zeppelin" war das erste Verkehrsluftfahrzeug, das Passagiere planmäßig und nonstop über den Atlantik beförderte.

Ende der 1920er Jahre setzte die Deutsche Luftschiffahrts-Aktiengesellschaft (DELAG) das Luftschiff erfolgreich im Liniendienst nach Nord- und Südamerika ein. Neben Passagierkabinen gab es einen Salon/Speiseraum und eine Küche, in der warme Speisen zubereitet werden konnten.

Die Besatzung des Luftschiffs bestand aus 40 bis 45 Mann, dagegen fanden nur 20 Passagiere darin Platz.

Mit einer Länge von 236,60 Metern, einem Durchmesser von 30,5 Metern

und einem Volumen von 105 000 Kubikmetern hatte LZ 127 gewaltige Abmessungen. Als Antrieb dienten fünf Maybach-VL-2-Motoren mit je 390 Kilowatt (530 PS). Die Reisegeschwindigkeit betrug 117 Kilometer pro Stunde und die Reichweite 12 000 Kilometer.

Von 1931 bis zur Stilllegung 1937 führte das Luftschiff 590 Fahrten aus, beförderte ca. 13 100 zahlende Passagiere und größere Mengen an Post. Durch spektakuläre Fahrten wie die Weltumrundung 1929 und die Arktisfahrt 1931 wurde es zu einem der bekanntesten Luftschiffe.

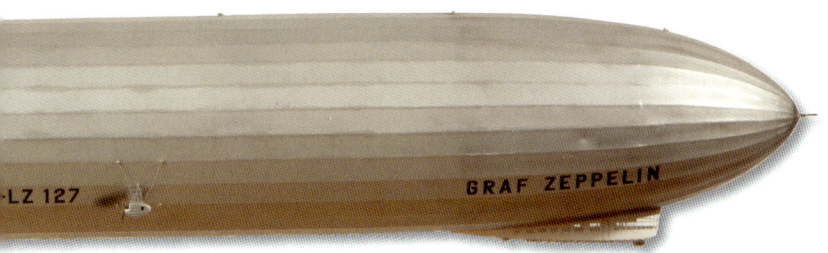

Mokkatasse der Deutschen Luftschiffahrts–Aktiengesellschaft

Heinrich und Co. Selb, 1928, Porzellan
Inv.-Nr. V/816

Die Mokkatasse ist ein Erinnerungsstück an das Luftschiff LZ 127 „Graf Zeppelin". Sie gehörte zum Service des Bordgeschirrs und wurde von der Firma Heinrich & Co. Selb im Auftrag der Deutschen Luftschiffahrts-Aktiengesellschaft (DELAG) hergestellt. Das Bordgeschirr war mit dem Emblem „LZ", mit umlaufendem blauen Dekor und reliefartigem Goldband versehen.

Die DELAG gilt als die weltweit erste Luftverkehrsgesellschaft. Sie wurde am 16. November 1909 mit staatlicher Unterstützung gegründet und betrieb die von der Luftschiffbau Zeppelin GmbH gebauten Verkehrsluftschiffe. Fahrten mit einem Luftschiff waren von Anfang an etwas Besonderes, Exklusives und verkörperten einen „noblen Reisestil". Gestalterisch wurde das Interieur des Luftschiffes für die zahlungskräftigen Passagiere an Bord an das der Ozeandampfschiffe oder Grand Hotels angelehnt.

Modell des Schnelldampfers „Bremen", 1928

Maßstab 1:134, Holz, Metall
Inv.-Nr. III/242

Ab 1928 war der neue Vierschrauben-Turbinenschnelldampfer „Bremen" das Flaggschiff des Norddeutschen Lloyd auf der Nordatlantik-Route.

Die stromlinienförmig geschnittene „Bremen" war 286 Meter lang, 31 Meter breit und erreichte eine Geschwindigkeit von maximal 29 Knoten, das sind 54 Kilometer pro Stunde. Das Schiff war mit 51 656 Bruttoregistertonnen vermessen und für 2150 Passagiere in vier Klassen ausgelegt.

Die Inneneinrichtung war ein Mix aus sachlicher Eleganz und dem gewohnt gediegenen Luxus. Das Schiff war außerdem mit einer Katapultstartvorrichtung für ein Postflugzeug ausgestattet.

Auf ihrer Jungfernfahrt unterbot die „Bremen" am 16. Juli 1929 den bestehenden Rekord um das „Blaue Band", den das britische Schiff „Mauretania" seit 1908 hielt, um etwa sieben Stunden. Die „Bremen" schaffte die Atlantiküberquerung in vier Tagen, 17 Stunden und 42 Minuten und gewann damit das „Blaue Band".

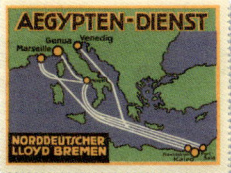

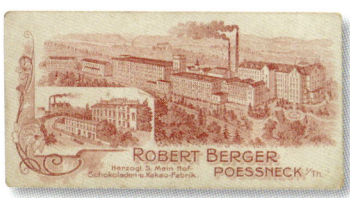

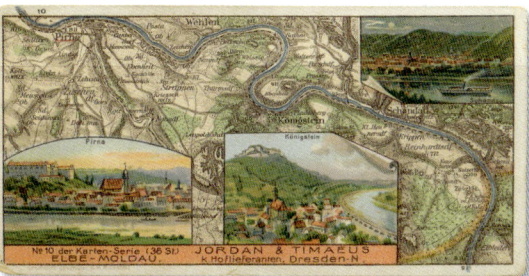

Reklamemarken und Sammelbilder mit Motiven zur Geschichte der Mobilität

Verschiedene Hersteller, um 1930, Pappe, Papier
Inv.-Nr. Zgb. 536/00

Sammelbilder und Reklamemarken waren seit Ende des 19. Jahrhunderts eine beliebte und preiswerte Möglichkeit, für die unterschiedlichsten Produkte zu werben.

Beim Kauf eines eleganten Sommeranzugs bei S. Osswald oder von Schokolade und Kakao der Dresdener Firmen Jordan & Timaeus sowie Hartwig & Vogel erhielt man für seine Kundentreue ein Sammelbildchen. Auch auf Briefumschlägen klebten typografisch kunstvoll gestaltete Vignetten, die für die eigenen Produkte warben.

Inhalt der Reklamemarken und Sammelbilder, die oft in Serien erschienen, waren häufig Motive aus der Geschichte der Mobilität. Das beworbene Produkt, z. B. Butter, Seife oder eben Kakao, hatte mit der Abbildung oft gar nichts zu tun.

Aufbewahrt in eigens dafür hergestellten Sammelalben, entstanden richtige Nachschlagewerke.

Abzeichen des Arbeiter–Rad– und Kraftfahrbundes „Solidarität"

Um 1930, Metall, Plüsch
Inv.-Nr. VII/473

Der 1896 in Offenbach am Main gegründete Arbeiter- und Radfahrerbund
„Solidarität" gehörte zu den zahlreichen
Radsportvereinen dieser Zeit und ver-
stand sich zugleich als Teil der Arbeiter-
bewegung. Im Vereinsnamen spiegelt
sich bereits der Kraftfahrsport, hauptsächlich mit Motorrädern wieder, dem
sich der Bund noch vor dem Ersten
Weltkrieg öffnete.

1932 war er mit ca. 400 000 Mit-
gliedern der größte Radsportverband
der Welt. Aus dieser Zeit stammt das
Mitgliedsabzeichen. Eine Prägung auf

der Rückseite kennzeichnet es als Eigentum des Vereins.

1933 wurde der Verein verboten und
enteignet und 1949 in der Bundesrepublik Deutschland neu gegründet. Ab
1963 benannte man ihn schließlich in
RKB – Rad- und Kraftfahrerbund Solidarität Deutschland 1896 e. V. um.

Heute zählt der Verein rund
40 000 Mitglieder und setzt seine
Schwerpunkte auf Kunstradfahren,
Radball im Hallenradsport sowie
Rollsport.

Transportfahrrad Diamant Nr. 88

Elite Diamant AG Siegmar, Sachsen, 1939, Stahl
Inv.Nr. II/268

Diamant ist der älteste noch existierende Fahrradhersteller in Deutschland.

Die Gebrüder Nevoigt gründeten 1884 in Reichenbrand bei Chemnitz ein Unternehmen für Metallbau. Ein Jahr später begannen sie hier mit der Produktion von Fahrrädern. 1895 ließ man den Markennamen „Diamant" gesetzlich schützen und begann die serienmäßige Fahrradproduktion.

Zu den werkseigenen Entwicklungen zählen die bis heute verwendete Doppelrollenkette und das Glockengetriebe.

Bis zur Jahrhundertwende dominierten Transport-Dreiräder zur Lastenbeförderung, Zweiräder setzten sich erst später durch. Für Service-Leistungen haben Transporträder bis heute nichts an ihrer Aktualität eingebüßt.

Besonderheiten des Diamant-Transportfahrrades sind die Handbremse mit innen liegendem Gestänge, der Transportbehälter und der Ständer am Vorderrad sowie die Ballonreifen.

Uniformrock der Dresdner Straßenbahn AG

1930, Wolle
Inv.-Nr. X-a/233 a–b

Der Dienstrock der Dresdener Straßenbahnfahrer bestand in den 1930er Jahren aus dunkelgrünem Tuch mit goldenen Knöpfen. Auf dem linken Ärmel befand sich das Stadtwappen und von der Schulter hing die grüne Signalpfeifenschnur herab.

Am Kragen waren zwei Flügelräder mit Blitzpfeilen, das Symbol für den elektrischen Betrieb sowie mehrere Sterne für die Dienstzeit angebracht. Zwei Sterne bedeuteten, der Träger war zwischen 15 und 25 Jahren bei der Straßenbahn angestellt. Die Schulterstücke waren einfach gehalten mit goldenen Knöpfen, aber ohne Schriftzug.

Zur Uniform gehörten eine Hose aus gleichem Tuch, Schuhe, ein Sommer- und ein Wintermantel sowie eine Mütze.

Triebwagen Nr. 1702 „Großer Hecht" der Dresdner Straßenbahn AG

Christoph & Unmack Niesky, 1931, Metall, Holz, Glas
Inv.-Nr. IV/118

Der Triebwagen „Großer Hecht" Nr. 1702 war das zweite der nach Dresden gelieferten, neu entwickelten Fahrzeuge und befindet sich seit 1972 im Verkehrsmuseum Dresden.

Der Spitzname „Hecht" entstand aufgrund der sich verjüngenden Enden, die so konstruiert waren, damit die Wagen in den Kurven nicht ausschwenkten. Als später noch eine kleinere zweiachsige Version gebaut wurde, nannte man den vierachsigen Wagen „Großer Hecht".

Ende der 1920er Jahre begann unter Leitung des Ingenieurs Alfred Bockemühl (1896–1992) die Neuentwicklung eines Straßenbahn-Triebwagens in Dresden. Bis dahin hatten die meisten Straßenbahnen noch die von der Pferdebahn übernommene veraltete Form.

1930 erhielt die Dresdner Straßenbahn AG die ersten zwei Hechtwagen. Insgesamt waren bis 1972 in Dresden 35 Triebwagen „Großer Hecht" im Einsatz. Mit einer Länge von 14,59 Metern bewältigte dieser Großraumwagen den angewachsenen Nahverkehr spielend.

An den Fahrzeugenden waren zur Trennung von den Fahrgästen abgeschlossene Fahrerkabinen eingerichtet worden. Die in Fahrtrichtung hintere Kabine klappte man zusammen, um Platz für weitere Stehplätze zu schaffen.

Die neu entwickelten Triebwagen besaßen gute Fahreigenschaften, waren sicher und erreichten bereits eine Geschwindigkeit von bis zu 70 Kilometern pro Stunde.

In den beiden Drehgestellen liefen zwei Motoren mit 55 Kilowatt (75 PS) Leistung. Der Fahrschalter war unterflurig angeordnet und wurde mittels Druckknöpfen über Ketten gesteuert.

Modell des Schienenzeppelins, 1931

Maßstab 1:45, Gebr. Märklin & Cie. Göppingen, 1935, Metall
Inv.-Nr. VI/4211

Anfang der 1930er Jahre erprobte der
Luftschiffbauer Franz Kruckenberg
(1882–1965) einen Schnelltriebwagen
in Stromlinienform, der einen Personen-
schnellverkehr mit bis zu 250 Kilometern pro Stunde ermöglichen sollte. Als
Antrieb diente ein Flugzeugmotor mit
Propeller. Mit diesem charakteristischen
Antrieb stellte der später „Schienenzeppelin" getaufte Triebwagen am 21. Juni 1931 auf der Strecke Hamburg–Berlin
einen Geschwindigkeitsrekord von
230 Kilometern pro Stunde auf, der
erst 1995 gebrochen wurde.

Das Fahrzeug wurde jedoch nie im
regulären Betrieb verwendet, denn für
den Schnellverkehr setzte man diesel-
hydraulische Triebwagen ein, bis der
Zweite Weltkrieg diese Entwicklung
abrupt stoppte.

Dieses Modell wurde schon 1935
von der Firma Märklin gebaut. Es besteht aus Blech und hat einen elektrischen Antrieb, der das Fahrzeug, an-
ders als beim Vorbild, über die Achsen
antreibt und gleichzeitig den Propeller
mitlaufen lässt.

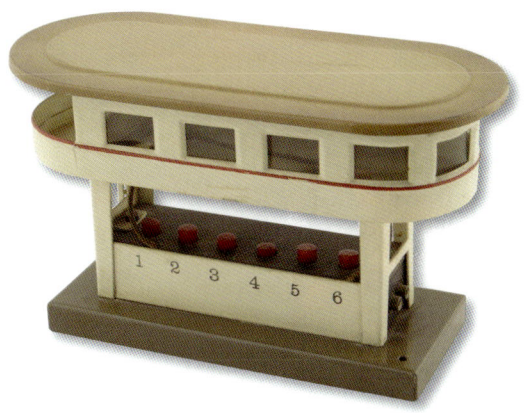

Modell eines Brückenstellwerks

Gebr. Märklin & Cie. Göppingen, 1931, Metall
Inv.-Nr. VI/1418

Brückenstellwerke befinden sich wie die Kommandobrücke eines Schiffes oberhalb des Schienenstranges. Damit hatten die Stellwerker eine gute Übersicht. Diese markanten Bauwerke sind bis heute bei den Modellbaufirmen beliebt.

Das Modell stammt aus einer Zeit, als die spielerische Funktion und nicht die Vorbildtreue im Vordergrund stand. So hat man an der Stelle der „Durchfahrt" sechs Stellknöpfe angebracht, mit denen sich Weichen ansteuern ließen. An den Seiten befinden sich Buchsen für elektrische Kabel sowie Klemmen für die Beleuchtung des Stellwerks.

Das Modell wurde im Mai 1979 für das Verkehrsmuseum Dresden angekauft.

Pkw Röhr 8 Typ F Cabriolet mit 13/75 PS

Neue Röhr AG Ober-Ramstadt, Hessen, 1933, Stahl
Inv.-Nr. II/179

Zur Elite der Luxuswagen-Hersteller zählten in den 1930er Jahren in Deutschland nicht nur Horch und Daimler-Benz, sondern auch die Neue Röhr AG.

Der Pkw Röhr 8 Typ F im Verkehrsmuseum Dresden zählt zu den ersten mit Vollschwingachse ausgestatteten Serienfahrzeugen und hatte durch den langen Radstand eine hervorragende Straßenlage.

Das Fahrzeug erhielt eine edle Modellkarosserie, die in der berühmten Dresdener Karosseriebaufirma Gläser gefertigt wurde. Der erste Besitzer war Martin Renner, Direktor des damals größten Kaufhauses in Dresden.

Hans-Gustav Röhr (1895–1937) begann 1927 mit der Serienfertigung des Röhr 8 in der Röhr Auto AG, die er jedoch 1931 verlassen musste.

Im gleichen Jahr gründete er die Neue Röhr AG, für die er ausgezeichnete Konstrukteure wie Ferdinand Porsche gewann, der auch den Motor des Typ F konstruierte. Von diesem Typ wurden insgesamt nur 250 Pkw hergestellt.

Modell des Segelschulschiffs „Gorch Fock", 1933

Maßstab 1:50, Holz, Leinen, Metall
Inv.-Nr. III/413

Bis heute legt die deutsche Marine großen Wert auf die praktische seemännische Ausbildung ihrer Kadetten auf Segelschiffen.

Zum Aufbau der Kriegsmarine im Dritten Reich bekam die Hamburger Werft Blohm & Voss Anfang der 1930er Jahre den Auftrag, ein Segelschulschiff zu bauen. Bei dem Bau der Dreimastbark wurde besonders auf hohe Sicherheitsstandards geachtet. Am 14. Januar 1933 erfolgte die Kiellegung und bereits am 3. Mai wurde die Bark auf den Namen „Gorch Fock" getauft. Dabei handelt es sich um das Pseudonym des 1880 in Finkenwerder geborenen Dichters Johann Kinau (1880–1916). Er war der damals bekannteste niederdeutsch schreibende Autor und kam in der Skagerrakschlacht 1916 ums Leben.

Die 82 Meter lange und 12 Meter breite Bark hatte eine Segelfläche von 1 800 Quadratmetern. Neben der Stammbesatzung von etwa 65 Mann fuhren 200 Kadetten mit.

Die Besatzung der „Gorch Fock" versenkte das Schiff 1945. Zwei Jahre später wurde sie geborgen und an die sowjetische Flotte übergeben, wo sie ab 1951 unter dem Namen „Towarischtsch" (russisch für „Genosse") als Schulschiff fuhr. Nach der Auflösung der Sowjetunion erhielt die Ukraine das Schiff.

Der deutsche Schiffsliebhaber-Verein „Tall Ship Friends" rettete Anfang des 21. Jahrhunderts die „Gorch Fock" vor dem Verrotten. Inzwischen liegt sie im Hafen von Stralsund. In der Bundesrepublik Deutschland wurde 1958 das Segelschulschiff „Gorch Fock II" auf Kiel gelegt.

Führerschein und Fotografie von Margarete Mühlbach

Dresden und Tharandt, 1934, gewachstes Leinen und Fotopapier
Inv.-Nr. Zgb. 1199/02

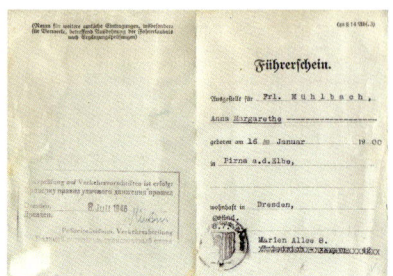

Der Führerschein von Fräulein Mühlbach, die als 34-Jährige ihren Führerschein erwarb, ist eines der letzten
Formulare, die nicht die Bezeichnung
„Frau/Fräulein" enthielten. Diese Angabe
wurde noch handschriftlich nachgetra-
gen. Kurze Zeit später, mit zunehmender
Mobilität und Unabhängigkeit der Frau,
wurde der neutrale Begriff „Inhaber"
gewählt.

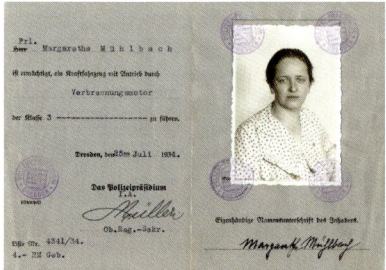

Einen Tag nach Ausstellung ihres
Führerscheins am 25. Juli 1934 ließ sich
Fräulein Mühlbach in einem BMW bei
Tharandt fotografieren. Sie war, wie der
Führerschein beglaubigt, tatsächlich die
Fahrerin. Auf zahlreichen zeitgenös-
sischen Fotografien posieren Frauen am
Lenkrad lediglich als schönes Fotomotiv.

Im Sommer 1946 wurde der Führerschein auf die bestehenden Verkehrs-
vorschriften überprüft und blieb weiter
gültig.

Wanderer–Chromrad „Jubiläumsrad" Modell 3

Wanderer-Werke AG, Schönau bei Chemnitz,1935, Stahl
Inv.-Nr. II/1350

Die Wanderer-Werke führten 1930 in Deutschland die serienmäßige Verchromung der Blankteile am Fahrrad zum Schutz vor schädlichen Witterungseinflüssen ein.

Die Chromrad-Serie, zu der dieses Damenfahrrad gehört, zählte rasch zu den Spitzenerzeugnissen der Firma.

Zum 50-jährigen Bestehen 1935 brachte man mit dem „Jubiläumsrad"

eine völlig neue Serie heraus. Sie war gekennzeichnet durch eine außerordentlich hohe Festigkeit des Rahmens und die dreifache, stoß- und schlagfeste Hochglanz-Emaillierung.

Wanderer-Räder wurden in zahlreichen Ausführungen und drei verschiedenen Preisklassen angeboten.

Werkfoto der Dampflokomotive 05 002 mit Stromlinienverkleidung der Deutschen Reichsbahn

Borsig-Lokomotiv-Werke GmbH Hennigsdorf, 1935, Glasplatte
Inv.-Nr. FS 4-122

Die Abbildung der Lokomotive 05 002 ist Bestandteil einer umfangreichen Glasplattensammlung, die in den Jahren von 1880 bis ca. 1940 in den Borsig-Lokomotiv-Werken entstanden ist. Enthalten sind neben kleinformatigen Aufnahmen auch zahlreiche Glasplatten in der Größe 40 x 50 Zentimeter.

Die 1935 für die Deutsche Reichsbahn gebaute Dampflok 05 002 war mit einem weinroten Anstrich bis zum Beginn des Zweiten Weltkrieges im Schnellzugverkehr Berlin–Hamburg eingesetzt. Sie ging in den Bestand der Deutschen Bundesbahn über, die auch die Stromlinienverkleidung entfernen ließ. Die Ausmusterung erfolgte 1958.

Schaffnertasche mit Galoppwechsler und Zange

Um 1935, Leder, Metall
Inv.-Nr. IV/154

Galoppwechsler gehörten zu den wichtigsten Ausrüstungsgegenständen der Schaffner bei Straßenbahn und Bus. Der von Alfred Krauth (1879–1939) in den 1920er Jahren erfundene Geldspeicher sollte das Herausgeben von Wechselgeld beim Kassieren erleichtern. Die Münzen wurden, nach Wertstufen sortiert, in vier Metallröhren gefüllt und konnten einzeln unten entnommen werden. Der Galoppwechsler war meist direkt an der ledernen Schaffnertasche befestigt.

Der Erfinder selbst gründete dafür 1926 die Krauth Apparatebau GmbH & Co KG in Düsseldorf, die bis heute unter dem Namen Krauth Technology GmbH Fahrscheinautomaten und Entwerter produziert. Die Firma war allerdings nicht der einzige Hersteller von Galoppwechslern.

Mit der Schaffnerzange wurden die verschiedenen Fahrkarten entwertet. Je nach Fahrscheinart und Tarif waren eine oder mehrere Lochungen notwendig, z. B. zur Kennzeichnung von Tag, Uhrzeit, Einstiegshaltestelle oder Streckenabschnitt.

Heute ersetzen im Nahverkehr moderne Fahrscheinautomaten die Arbeit der Schaffner.

Galoppwechsler werden jedoch immer noch verwendet, beispielsweise wenn Tickets direkt vom Busfahrer im Bus verkauft werden.

Modell des Flugzeugs Junkers Ju 52/3m, 1934

Maßstab 1:50, Metall, Kunststoff
Inv.-Nr. V/37

Das bekannteste deutsche Verkehrsflugzeug, die Junkers Ju 52/3m, liebevoll „Tante Ju" genannt, war eines der zuverlässigsten und wirtschaftlichsten Flugzeuge seiner Zeit. Mehr als 400 Maschinen wurden bis zum Kriegsausbruch 1939 an in- und ausländische Luftverkehrsgesellschaften geliefert.

Die Deutsche Lufthansa setzte das Flugzeug zuerst innerhalb Europas, später auch in Asien und in Südamerika ein.

Die Ju 52/3m mit der Zulassungsbezeichnung D-AXES war von 1934 bis 1935 und von 1937 bis 1941 im Bestand der Deutschen Lufthansa. Von 1935 bis 1937 flog sie für die Deutsch-Russische Luftverkehrsgesellschaft. 1941 ging sie an die Luftwaffe über und wurde im selben Jahr zerstört.

Modell des Flugzeugs Douglas DC–3, 1935

Maßstab 1:50, Metall, Kunststoff
Inv.-Nr. V/72

Die Douglas DC-3 war ein freitragender Tiefdecker. Das Flugzeug war mit glattem Blech beplankt und besaß ein einziehbares Fahrwerk.

Um mit den Schlafwagenzügen konkurrieren zu können, stattete man viele Flugzeuge in den 1930er Jahren mit Schlafkabinen aus. Ein Beispiel dafür ist die DC-3, die eigentlich als Douglas Sleeper Transport mit Liegen konzipiert wurde. Ihren Erfolg fuhr sie aber als Flugzeug mit eingebauten Sitzen für 21 Passagiere ein.

Koninklijke Luchtvaart Maatschappij (KLM) und Swissair waren die ersten europäischen Fluggesellschaften, die die DC-3 im Liniendienst einsetzten.

Zu ihren Markenzeichen gehörten Robustheit, Sicherheit und Wirtschaftlichkeit. Die Gesamtproduktion lag bei mehr als 11 000 Stück.

Einen hohen Bekanntheitsgrad in Deutschland erlangte die DC-3 als „Rosinenbomber" während der Berliner Luftbrücke 1948 bis 1949.

Maschinen, die sich heute noch im Einsatz befinden, wurden teilweise mit moderneren Propellerturbinen-Triebwerken nachgerüstet.

Modell des Henschel–Wegmann–Zuges, 1936

Maßstab 1:45, Sperling, Berlin, 1985, Metall, Kunststoff
Inv.-Nr. XII/337

Für den Schnellverkehr zwischen den deutschen Großstädten entwickelten die Firma Henschel & Sohn und die Waggonfabrik Wegmann in Kassel im Auftrag der Deutschen Reichsbahn-Gesellschaft gemeinsam 1933 einen stromlinienverkleideten Zug, der von einer Dampflokomotive gezogen werden konnte.

Sie traten damit in Konkurrenz zu den Schnelltriebwagen mit Dieselantrieb, die ab 1931 auf mehreren Strecken eingesetzt wurden.

Von Juni 1936 bis August 1939 verkehrte dieser Zug, bestehend aus einer Lok der Baureihe 61 und vier Wagen, im Schnellverkehr zwischen Berlin und Dresden. Der Endwagen war zugleich Post- und Speisewagen.

Für die Strecke benötigte der Zug in der schnellsten Verbindung eine Stunde und 40 Minuten.

Nach dem Zweiten Weltkrieg wurden die Wagen im Fernschnellzug „Blauer Enzian" zwischen Hamburg und München eingesetzt und 1962 verschrottet.

Das Modell stellte die Firma Sperling in Berlin 1985 her. Es gehört seit 1987 dem Verkehrsmuseum Dresden.

Modell der Dampflokomotive 01 220
mit Neubaukessel, 1937

Maßstab 1:43,5, Wunder Präzisionsmodelle Viernheim, um 1990, Messing
Inv.-Nr. XII/760

Das Modell wurde komplett aus Messing gefertigt und besteht aus mehr als 800 Teilen. Die Rauchkammertür und die Fenster auf der Lokführer- und Heizerseite lassen sich öffnen. Angetrieben wird die Lok von einem 17-Watt-Faulhaber-Motor. Abhängig von der Fahrtrichtung wechselt die Beleuchtung automatisch zwischen Stirn und Tender.

Von den Lokomotiven der Baureihe 01 wurden zwischen 1925 und 1937 231 Stück für den schnellen Reisezugverkehr der Reichsbahn gebaut.

Ab 1957 rüstete die Deutsche Bundesbahn 50 dieser Loks um und stattete sie u. a. mit geschweißten Hochleistungsdampfkesseln aus. In die Rauchkammer baute man eine neue

Mischvorwärmanlage ein, zahlreiche Gleitlager wurden durch Walzenlager ersetzt.

Zusammen mit dieser Lokomotive erhielt das Verkehrsmuseum Dresden 2011 eine Reihe hochwertiger Spur-0-Modelle als Schenkung von einem Sammler.

Titelblatt der Zeitschrift „Motor und Sport"

Vogel-Verlag Pößneck, 1937 H.16 vom 18. April, Papier
Inv.-Nr. Z 0048

Seit 1924 erschien im Vogel-Verlag in Pößneck, Thüringen die noch immer bei Oldtimer-Fans und Motorsportbegeisterten beliebte Zeitschrift „Motor und Sport".

Darin wurde über neue in- und ausländische Fahrzeuge, Auto- und Motorradrennen sowie die teilnehmenden Fahrer und Rennergebnisse berichtet.

Bekannt sind auch die oft von namhaften Grafikern wie z. B. Bernd Reuters (1901–1958) aufwendig gestalteten Titelblätter. In der Bibliothek des Verkehrsmuseums Dresden ist die Zeitschrift ab dem 2. Jahrgang 1925 bis 1942 vorhanden.

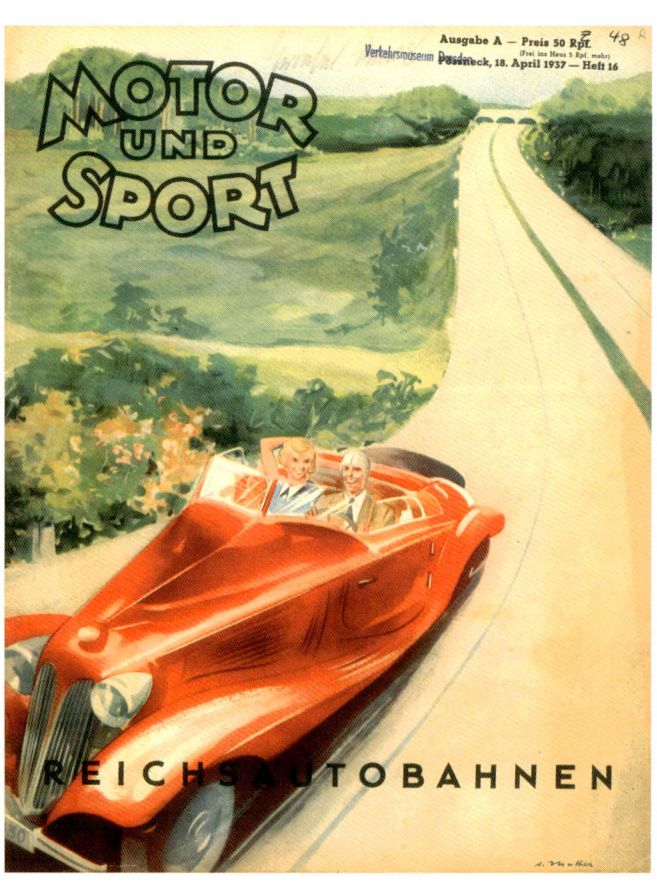

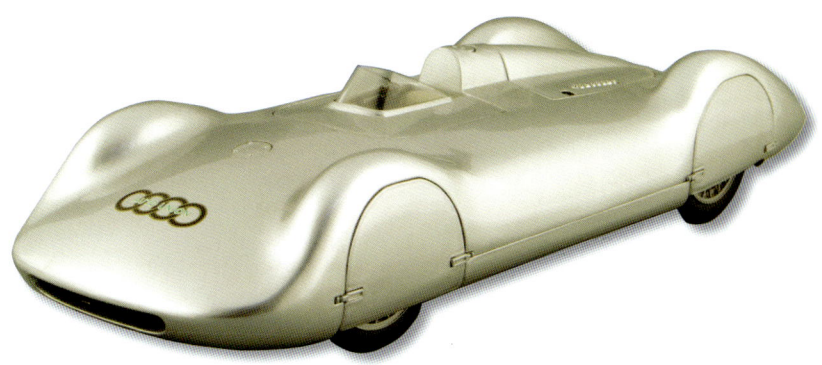

Modell des Stromlinienwagens Typ C der Auto-Union-AG Chemnitz, 1937

Maßstab 1:18, 2005, Metall
Inv.-Nr. II/1396

Das 1937 gebaute Originalfahrzeug erzielte am 25. Oktober 1937 einen Geschwindigkeits-Weltrekord von 406,3 Kilometern pro Stunde.

Die Auto-Union-Rennwagen vom Typ C waren mit 16-Zylinder-V-Motoren ausgerüstet. Ihre Leistung betrug bei einem Hubraum von 6000 Kubikzentimetern ca. 520 PS.

Ab 1938 war diese Fahrzeugklasse aus wirtschaftlichen und Sicherheits-gründen nicht mehr für Autorennen, sondern nur noch für Rekordfahrten einzelner Automobile zugelassen. Bei einem solchen Rekordversuch verunglückte der bekannte Rennfahrer Bernd Rosemeyer am 28. Januar 1938 tödlich, als sein Wagen bei einer Geschwindigkeit von knapp 430 Kilometern pro Stunde von einer Windböe erfasst wurde.

Verkehrszeichen „Gesperrt für Kraftfahrzeuge aller Art"

1934, Stahl, Emaille
Inv.-Nr. II/571

Bei der flächendeckenden Einführung von Verkehrsschildern 1927 verwendete man bereits verschiedene geometrische Formen. Als Farbe dominierte einheitlich die rote Umrandung und Informationen wurden als Text vermittelt.

Die 11 verwendeten Sperrschilder hatten eine sehr ungewöhnliche Gestaltung.

Der obere Teil enthielt die Verkehrsregel in Schriftform, die durch eine bestimmte Anzahl von Punkten im Kreis ergänzt wurde. Handelte es sich nur um eine zeitliche Sperrung, verwendete man statt der Punkte nur Ringe. Der Sperrzeitraum wurde in einem weiteren Text beschrieben.

Triebwagen SVT 137 155, Bauart Kruckenberg (Fragment)

Vereinigte Westdeutsche Waggonfabriken und Klöckner-Humboldt-Deutz AG Köln,
Maybach-Motorenbau-GmbH Friedrichshafen, 1938, Stahl, Aluminium
Inv.-Nr. IX/3-14

Da der Schienenzeppelin von der Deutschen Reichsbahn als nicht einsetzbar eingeschätzt wurde, entwickelte Franz Kruckenberg 1938 einen Versuchstriebwagen, der mit Leichtbauweise, Luftfederung und einem neuartigen Strömungsgetriebe richtungweisend für die weitere Entwicklung von Schnellverkehrstriebwagen (SVT) sein sollte.

Am 23. Juni 1939 erreichte der SVT 137 155 bei einer Testfahrt auf der Strecke Hamburg–Berlin eine Rekordgeschwindigkeit von 215 Kilometern pro Stunde. Der SVT bestand aus zwei Maschinen- und einem Mittelwagen. Der Zweite Weltkrieg beendete alle weiteren Versuche.

1967 wurde der SVT im Reichsbahnausbesserungswerk Wittenberge verschrottet. Vom dreiteiligen Originalfahrzeug blieb lediglich ein Stück des Motorraums sowie vom ehemaligen Bistrobereich erhalten. Die „Schnauze" des Fahrzeuges ist nachgebildet, der jetzt eingebaute G 06-Maybach-Motor stammt zwar nicht vom originalen SVT 137 155, ist aber ein baugleiches Modell. Seit 1997 ist der Triebwagenkopf in der Sammlung des Verkehrsmuseums Dresden.

Ansichtskarten mit Verkehrsmotiven

Um 1920–1945, Pappe

1. „Salon-Schnelldampfer 'Rugard', Saßnitz Linie", Inv.-Nr. Zgb. 903/03

2. „Jahrhundertfeier der Berlin-Potsdamer Eisenbahn 1938", Inv.-Nr. Pk 2241

3. „Gruß vom Arbeiter-Radfahr-Club 'Freie Radler' Radeberg", Inv.-Nr. Pk 40661

Einst als nützlicher Massenartikel produziert, dienen Ansichtskarten mit Motiven zur Mobilität im Verkehrsmuseum Dresden der verkehrsgeschichtlichen Dokumentation.

Bedeutende Jubiläen, längst vergessene regionale Ereignisse oder einfach nur der Zeitgeschmack lassen sich daran ablesen. Ein beliebtes Motiv auf Postkarten der 1930er und 1940er Jahre waren z. B. Jubiläen zum 100-jährigen Bestehen einzelner Eisenbahnstrecken oder die großen Fahrgastschiffe der Seebäderdienste an der Ostseeküste.

Salon-Schnelldampfer „Rugard", Saßnitz-Linie

Gruß vom Arb.-Radfahr-Club „Freie Radler" Radeberg

Herren–Militär–Klappfahrrad

1941, Stahl
Inv.-Nr. II/158

Die ersten Fahrräder beim Militär wurden Ende des 19. Jahrhunderts eingeführt. Im Ersten Weltkrieg existierten bereits ganze Radfahrerkompanien.

Die Fahrräder boten durch die nahezu lautlose Fortbewegungsmöglichkeit einen Vorteil gegenüber Pferden oder motorisierten Einheiten. Sie verbrauchten keinen Treibstoff und waren relativ einfach instand zu halten.

Klappfahrräder erhielten im Zweiten Weltkrieg vorrangig die Einheiten der Fallschirmjäger.

In ihrer Bauweise unterscheiden sie sich von zivilen Fahrrädern u. a. durch Tarnscheinwerfer, Anhängerkupplung, fehlende Pedalrückstrahler und die Vermeidung von Chromteilen.

Monatsstreckenkarte für Schüler und Lehrlinge der Dresdner Straßenbahn AG

Dresden, Pappe, Fotopapier
Inv.-Nr. Fk 2000/22

Am 1. Februar 1945 wurde auf diese Dresdener Monatskarte die letzte Wertmarke geklebt. 13 Tage später überlebte dieses Dokument genau wie der damals knapp 16-jährige Lehrling und Karteninhaber Ullrich Reißbach das Dresdener Inferno. Herr Reißbach übergab seine Monatskarte 2007 als Schenkung in die Fahrausweissammlung des Verkehrsmuseums Dresden.

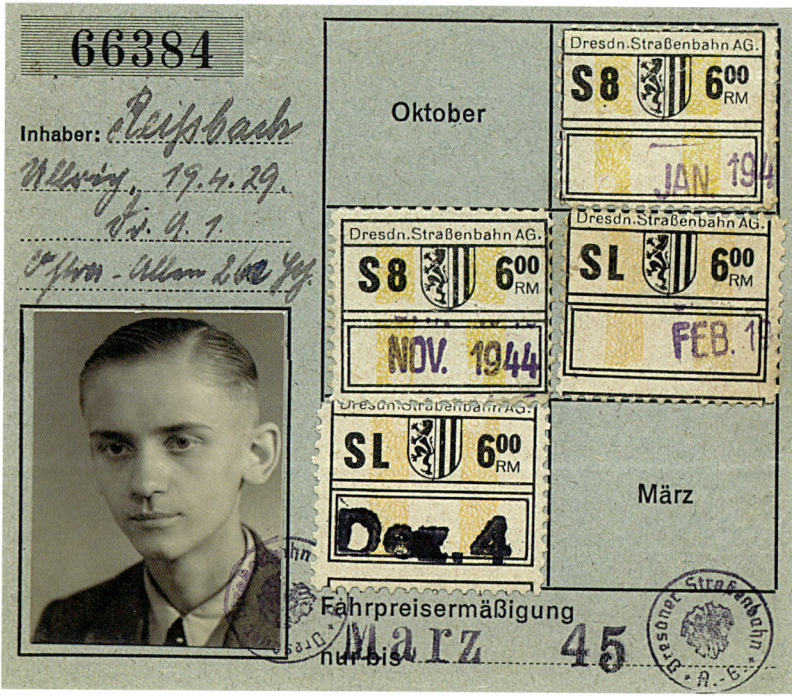

Pkw BMW AM 1

Bayerische Motorenwerke AG Eisenach, 1932, Stahl
Inv.-Nr. II/685

Der BMW AM 1 war die erste eigene Automobilkonstruktion der Bayrischen Motorenwerke AG. Dieses sehr seltene Fahrzeug befindet sich seit 1990 in der Sammlung des Verkehrsmuseums Dresden und wird hier im Originalzustand erhalten.

In der Fahrzeugfabrik Eisenach wurden seit 1904 Kleinwagen der Marke „DIXI" gebaut. 1928 übernahm BMW die Fabrik und begann den erfolgreichen englischen Kleinwagen Austin Seven in Lizenz als DA 1 (DIXI-Austin 1) herzu-

stellen. Die nachfolgenden Baureihen erhielten bereits den Markennamen BMW.

Wenige Jahre später löste man sich von der Austin-Lizenz, so dass 1932 die erste Eigenentwicklung mit der Bezeichnung AM 1 das Eisenacher Werk verließ. Von diesem Fahrzeugtyp mit 4 Zylindern und 20 PS wurden 7215 Stück gebaut. Die Karosserien dafür fertigte die Daimler-Benz AG in Sindelfingen.

Seit 1945:
Die Mobilität in der DDR
und heute

Seit 1945:
Die Mobilität in der DDR und heute

Die sozialistische Planwirtschaft der DDR hatte von Anfang an mit den Grundproblemen der Ressourcen- und Devisenknappheit zu kämpfen. Als rohstoffarmes Land war die DDR immer auf Rohstoffimporte, teilweise auch aus dem westlichen Ausland, angewiesen. Dieser Umstand hatte unmittelbare Auswirkungen auf die Entwicklung der Mobilität in Ostdeutschland. Immer wieder gab es Versuche, mit Leuchtturmprojekten zum technologisch führenden Westen aufzuschließen. Jedoch waren alle diese Projekte zum Scheitern verurteilt.

Der Zweitaktmotor prägte bis zum Ende der DDR den Straßenverkehr. Versuche, ihn in den sechziger Jahren durch den Wankelmotor zu ersetzen, scheiterten. Auch der technisch und gestalterisch sehr anspruchsvolle Prototyp des Wartburg 355 von 1969 ging nie in Serie, obwohl er als Fließhecklimousine seiner Zeit – auch im Westen – weit voraus gewesen wäre. Volkswagen startete erst 1973 mit einem ganz ähnlichen Design den Passat. Während sich die Spitzen von Staat und Partei in Volvos und Citroens durch die DDR chauffieren ließen, mussten die DDR-Bürger in der Regel mehr als 10 Jahre warten, bis sie den heiß ersehnten „Trabbi" oder Wartburg ihr Eigen nennen konnten.

Die DDR blieb Zeit ihres Bestehens ein Eisenbahnland. Noch 1989 wurden immerhin 40 Prozent aller Transportleistungen im Personenverkehr der DDR auf der Schiene erbracht. Um Ressourcen zu schonen und vor allem den Treibstoffverbrauch insgesamt zu drosseln, förderte die DDR die Nutzung der Eisenbahn z. B. durch besonders niedrige Tarife für Zugfahrkarten. Äußerlich zeigte sich die Bedeutung der Eisenbahn auch in dem Umstand, dass der Verkehrsminister der DDR gleichzeitig Generaldirektor der Deutschen Reichsbahn war und stets dessen Uniform trug. Auch für die Eisenbahn war die Frage der Rohstoffe entscheidend für ihre Entwicklung. Die Reichsbahn setzte zunächst auf billiges Öl aus der Sowjetunion und entwickelte entsprechende Diesellokomotiven. Nach der Ölkrise 1974 verlangte der große „Bruder" aber

Devisen für Rohöl, woraufhin die Reichsbahn versuchte, ihr Streckennetz zu elektrifizieren. Elektrizität ließ sich auch aus heimischer Braunkohle gewinnen. Problem war hier jedoch die notwendige Einfuhr von Kupfer für die Oberleitungen, wofür ebenfalls in Devisen bezahlt werden musste. Bis zum Ende der DDR blieben deswegen Dampflokomotiven bei der Deutschen Reichsbahn unverzichtbar.

Mit der Entwicklung der „152", des ersten strahlgetriebenen Passagierflugzeugs in Deutschland, gelang der DDR-Luftfahrtindustrie Ende der fünfziger Jahre zunächst scheinbar ein großer Erfolg. Allerdings kam auch hier die Produktion nie über die Prototypen hinaus. Neben technischen Problemen und dem Befehl der DDR Regierung 1961, die Produktion der „152" einzustellen, wäre das Flugzeug Anfang der sechziger Jahre aufgrund seiner Leistungsdaten auch nicht konkurrenzfähig gewesen.

Wegen der vielen Reisebeschränkungen vor allem ins westliche Ausland spielte der Luftverkehr der DDR nie eine besonders große Rolle. Im Gegensatz dazu nahm die Handelsschifffahrt einen beträchtlichen Aufschwung. In den siebziger und achtziger Jahren unterhielt die DDR mit 203 Schiffen und über 10 000 Seeleuten eine der größten Handels- und Fischfangflotten der Welt. Mit diesen Schiffen konnten wichtige Deviseneinnahmen im Westen erzielt werden. Für viele DDR-Bürger war die Tätigkeit auf einem der weltweit operierenden Schiffe die einzige Möglichkeit, der Enge der DDR zu entfliehen und die Welt zu bereisen.

Mit dem Fall der Mauer und der Öffnung der Grenzen in Europa gewannen die historischen Ost-West-Verkehrsströme für Deutschland und die anderen Länder am ehemaligen „Eisernen Vorhang" wieder an Bedeutung. Doch das seit Jahrzehnten vernachlässigte Verkehrsnetz der DDR war den neuen Anforderungen nicht gewachsen. Um die Verkehrsverbindungen zwischen den neuen und alten Bundesländern leistungsfähiger und moderner zu machen, wurde das VDE-Programm beschlossen. Viele der 17 Verkehrsprojekte Deutsche Einheit (VDE), die sich aus Schienen- und Autobahnvorhaben sowie einem Wasserstraßenprojekt zusammensetzen, sind bereits realisiert. Heute, zwei Jahrzehnte nach der Wiedervereinigung, sind Ost und West auf Straßen, Schienen und Wasserwegen längst zusammengewachsen.

Fahrradkarte und Arbeitsbescheinigung

Dresden, 1945–1946, Pappe, Papier, Fotopapier
Inv.-Nr. Zgb. 3348/11

Zum Nachkriegsalltag gehörten zwei-
sprachig ausgestellte Dokumente wie
diese in Russisch und Deutsch ausge-
füllte Fahrradkarte von 1945.

Das Fahrrad Marke „Sachsenland"
hatte Emma Mammitzsch bereits 1940
gebraucht gekauft. Bei einer Kontrolle
musste sie deshalb den „grünen Fahrradbrief" vorweisen, für neue Räder
stellten Händler das Dokument auf
grauem Papier aus.

Als drittes Dokument war die Ar-
beitsbescheinigung notwendig, die dem
Fahrradeigentümer in der Nachkriegs-
zeit einen gewissen Schutz bot: „Dem
Inhaber dieser Dokumente wird die
Genehmigung zum Fahren mit seinem
angegebenen Fahrrad erteilt. Von einer
Beschlagnahme ist abzusehen."

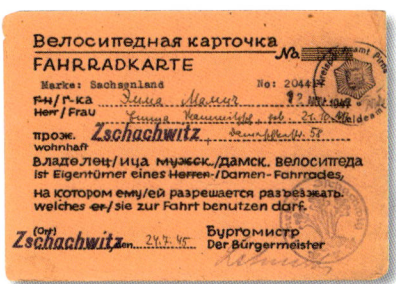

Zur Beachtung!

1. Der Fahrradbrief wird durch den Fahrradhändler (Verkäufer) dem Käufer erst ausgehändigt, nachdem das in dem Fahrradbrief bezeichnete Fahrrad vom Käufer voll bezahlt ist.

2. Die Nummer des Fahrradbriefes ist im Fahrradbrief-Zentralregister eingetragen, welches beim Reichsverband des Deutschen Fahrradeinzelhandels e. V. und dem Reichsinnungsverband des Mechanikerhandwerks, Fachgruppe Fahrräder, Berlin NW 7, Mittelstr. 25, die den Fahrradbrief herausgeben, geführt wird.

3. Der Verkäufer des Rades ist verpflichtet, bei Ausgabe des Fahrradbriefes die Fahrradbrief-Nr. sowie Name und genaue Anschrift des Käufers in ein von ihm zu führendes Register einzutragen, damit der Käufer des Rades jederzeit festgestellt werden kann.

4. Ein Abhandenkommen des Fahrrades (Diebstahl) ist unter Vorlage des Fahrradbriefes der zuständigen Ortspolizeibehörde zu melden, welche aus dem Fahrradbrief die Kennzeichen ersieht, die für die Nachforschungen notwendig sind.

Außerdem ist der Verkäufer des Rades (Händler) zu benachrichtigen, der den Diebstahl dem Fahrradbrief-Zentralregister, Berlin NW 7, Mittelstr. 25, meldet. Durch Bekanntmachung in der Fachzeitschrift werden dann die deutschen Fahrradhändler und Mechaniker vor dem Ankauf des gestohlenen Fahrrades gewarnt und zur Sicherstellung des Rades bei Vorkommen aufgefordert.

5. Beim Verkauf des Rades hat der bisherige Eigentümer unter 10 zu vermerken, wann und an wen er das Rad verkauft hat.

6. Der Verwaltungsbeitrag für Ausfertigung des Fahrradbriefes beträgt 10 Rpf.

Reichsverband des Deutschen Fahrradeinzelhandels e. V
Berlin W 50, Marburgerstr. 3

Reichsinnungsverband des Mechanikerhandwerks
Berlin NW 7, Mittelstr. 25.

Nicht in der Satteltasche des Fahrrades aufbewahren!

Fahrradbrief

№ 18942 A

Für Herrn
Frau
Frl. _Emma Mannwitz_

Beruf: _____

Geburtsdatum: _21. 10. 1907_

Wohnort: _Schwerte_

Straße, Nummer: _Lamperstraße 58_

Emma Mannwitz
(Eigenhändige Unterschrift des Inhabers)

— Unberechtigter Nachdruck wird verfolgt. —
D. R. G. M. Gesetzlich geschützt!

1.	Art des Fahrrades	*) Herrenrad — Damenrad Jugendrad
2.	Marke	_Vaterland_
3.	Rahmen	
	a) Fabriknummer	_204414_
	b) Farbe	*) schwarz oder farbig
	c) Rahmenhöhe	*) 45, 50, 55, 60
	d) Tretlager	*) Glockenlager od. Keillager
4.	Lenker	*) Touren- oder Rennlenker
5.	Handbremse	*) Hebel-, Pneumatik- oder Felgenbremse
6.	Räder	
	a) Art der Felgen	*) Draht-, Wulst- oder Holzfelgen
	b) Felgengröße	*) 26″ oder 28″
	c) Felgenfarbe	*) schwarz, bunt, RT (gelb)
	d) Art des Freilaufs	*) Freilaufrücktritt oder Zahnkranz
	e) Marke des Freilaufs	_Torpedo_
	f) Art der Bereifung	*) Draht-, Wulst- oder Schlauchreifen, Ballon- oder Halbballon oder Hochdruck

*) Zutreffendes ist zu unterstreichen.

7.	Sattel	
	a) Art des Sattels	*) Touren- oder Rennsattel in Glatt- oder Leder
	b) Farbe	*) hell, dunkel oder farbig
8.	Kettenteilung	*) ½″ oder ⅝″
9.	Blanke Teile	*) verchromt oder vernickelt
10.	Bemerkungen (besondere Kennzeichen):	

Die unterzeichnete Firma bescheinigt hiermit, daß das Fahrrad in diesem Brief richtig beschrieben und der Kaufpreis voll bezahlt ist.

Es wird versichert, daß Nummer und Empfänger dieses Fahrradbriefes in das von mir / uns geführte Fahrradbrief-Register eingetragen sind.

_____, den _24. 6._ 19_40_

(Firma, Stempel)   (Unterschrift)

Zugschlussleuchte mit Petroleumbrenner

1950, Eisen, Glas
Inv.-Nr. I/1331

Die rote Zugschlussleuchte hing immer an der Rückseite des letzten Wagens eines Zuges und diente als Warnzeichen vor Auffahrunfällen.

Bereits in der Frühzeit der Eisenbahn wurde der Zugschluss mit aufsteckbaren Laternen gekennzeichnet, die mit Petroleumbrennern betrieben wurden. Um 1920 setzte man bereits elektrische Laternen ein.

Seit den 1980er Jahren werden Zugschlussleuchten durch elektrische Signale ersetzt, die in die Wagen bzw. Triebwagen integriert sind. An Güterwaggons sind reflektierende Schlussscheiben angebracht.

Dieses Exponat wurde dem Verkehrsmuseum Dresden 2011 als Schenkung überreicht.

Modell eines LOWA–Obusses W602A mit Anhänger W700, um 1952

Maßstab 1:25, 1987, Plast, Holz
Inv.-Nr. IV/301

Vom Ende der 1930er Jahre bis Anfang der 1950er Jahre entstanden in Deutschland viele Obus-Betriebe. Der über die Oberleitung zugeführte elektrische Strom war einfacher zu beziehen als Kraftstoff, der größtenteils importiert werden musste.

Als wieder genug Benzin und Diesel vorhanden waren und die DDR-Industrie auch preisgünstige Kraftomnibusse liefern konnte, ging die Anzahl der Obus-Betriebe zurück.

1952 begann im Fahrzeugwerk „Ernst Grube" Werdau der Bau der neu entwickelten Typen W601, W602 und W602a sowie der dazu passenden Anhänger. Ab 1956 übernahm der Waggonbau Ammendorf die Produktion. Die elektrische Steuerung lieferte das Werk Hennigsdorf, während die Motoren aus dem Sachsenwerk in Dresden-Niedersedlitz kamen.

Neben den 11 Obus-Betrieben der DDR erhielt auch der Obus-Betrieb in Warschau einige Fahrzeuge. Einen Obusverkehr gab es in Dresden von 1947 bis 1975, LOWA-Busse des Typs W602A wurden von 1954 bis 1965 eingesetzt.

1957 stellte man die Produktion in der DDR ein und importierte Obusse aus der Tschechoslowakei.

Pkw EMW 340-2 Taxi

VEB Automobilfabrik EMW Eisenach, 1952, Metall
Inv.-Nr. IV/065

Der Typ EMW 340-2 war eine Weiterentwicklung des seit 1936 in Eisenach
produzierten BMW 326.

Nach dem Zweiten Weltkrieg wurde das Werk enteignet und durch die
staatliche sowjetische Aktiengesellschaft „Awtowelo" übernommen. Die
ersten Wagen des Typs BMW 340 liefen
1949 unter Weiterverwendung des Mar-
kennamens vom Band, bis die Bayerischen Motorenwerke Klage einreichten.

1952 erfolgte die Umbenennung in
Eisenacher Motorenwerke (EMW),
außerdem ging die Fabrik in das Volks-
eigentum der DDR über.

Die repräsentativen Limousinen,
ausgestattet mit einem Sechszylinder-
Viertakt-Ottomotor (Leistung 55 PS
und Höchstgeschwindigkeit 120 Kilo-

meter pro Stunde) wurden hauptsächlich als Taxi und Dienstwagen eingesetzt oder gingen in den Export. Im
Karosseriewerk Dresden, ehemals Gläser, erhielten baugleiche Chassis elegante Karosserien. Diese Cabriolets
EMW 327-2 und Coupés EMW 327/3
hatten prominente Besitzer, darunter
Bertolt Brecht (1898–1956), und sind
bis heute Ausdruck für Luxus und
Schönheit. 1955 musste nach Planung
des Rats für gegenseitige Wirtschafts-
hilfe die Serienproduktion beendet und
auf den Bau von Zweitaktfahrzeugen
umgestellt werden.

Die EMW 340-2-Limousinen blieben
bis Mitte der 1960er Jahre die meist
gefahrenen Taxis.

AWE Rennsportwagen Klasse F, Typ R3–54, 1,5 Liter

VEB Automobilfabrik Eisenach, 1954, Aluminium, Stahl
Inv.-Nr. II/098

Bis 1956 zählten die AWE-Rennsportwagen in ihrer Klasse zu den erfolgreichsten und schnellsten der Welt.

Bereits 1951 begann man in der Außenstelle Berlin-Johannisthal im Rahmen der volkseigenen Gebrauchswagenentwicklung mit dem Bau von Rennwagen.

Im traditionsreichen Automobilwerk Eisenach entstand dann ab 1953 eine Ausnahmekonstruktion, die ausgestattet mit einem 130 PS-starken Sechszylinder-Viertakt-Ottomotor und einem Leichtmetall-Aufbau, viele internationale Rennen gewann.

So war es für die zahlreichen Anhänger des Motorsports damals überraschend und unverständlich, dass die Rennsportabteilung in Eisenach nach der erfolgreichen Saison 1956 aufgelöst wurde.

Seit 1961 gehört der AWE-Wagen zum Bestand des Verkehrsmuseums Dresden. Zwischen 1988 und 1993 nahm der Rennwagen an einigen Oldtimer-Rennen, so genannten Gleichmäßigkeitsläufen, teil und siegte u. a. auf dem Nürburgring, einer seiner früheren Hausstrecken.

Flugzeug Super Aero 45

Flugzeugwerk Let Kunovice, Uherské Hradiště, 1954, Aluminium, Metall, Kunststoff
Inv.-Nr. V/26

Die Super Aero 45 gehörte zu den ersten Flugzeugtypen, die in der DDR zum Einsatz kamen.

Sie basierte auf der in der Firma Aero in Prag entwickelten und von 1947 bis 1951 gebauten Aero 45. Als diese Firma auf die Produktion von Militärflugzeugen umstellte, übernahm die Firma LET Kunovice ab 1954 die Produktion des verbesserten Typs Super Aero 45.

Das Flugzeug hatte Platz für ein bis zwei Piloten und zwei bis drei Passagiere. Der Antrieb erfolgte durch zwei Walter Minor 4-III-Kolbenmotoren mit je 77 Kilowatt (105 PS). Die Reisegeschwindigkeit betrug 230 Kilometer pro Stunde und die Reichweite 1350 Kilometer.

Diese Super Aero mit der Kennung DM-SGE wurde am 29. Juli 1957 bei der Deutschen Lufthansa der DDR in Dienst gestellt. Die Fluggesellschaft setzte sie für Rund- und Zubringerflüge ein.

Gestartet wurde sowohl von Flughäfen als auch von Flugplätzen der Gesellschaft für Sport und Technik. Eine wirtschaftliche Auslastung konnte mit diesen Flügen nicht erreicht werden. Daneben litt die Super Aero an technischen Mängeln, die beim Betrieb Probleme bereiteten. 1961/62 wurden die verbliebenen Flugzeuge außer Dienst gestellt. Sie flogen noch bis 1964 als Verbindungsflugzeuge bei den Luftstreitkräften der Nationalen Volksarmee.

Prospekt „IL–14P das Flugzeug mit hoher Flugsicherheit"

Verwaltung der Luftfahrtindustrie Pirna, 1956, Papier
Inv.-Nr. 49.4.003

Zu Beginn der Verkehrsflugzeugfertigung in der DDR wurde ab 1955 in den VEB Flugzeugwerken Dresden zunächst die sowjetische IL-14P nachgebaut – noch vor der Entwicklung des Passagierflugzeugs 152. Bis 1959 wurden insgesamt 80 Stück des als zuverlässig, wirtschaftlich und sicher geltenden Flugzeugtyps in Dresden montiert. Im Verkaufsprospekt sind die technischen Daten und Flugleistungen aufgeführt,

zusätzlich werden Funkanlagen, Navigationsgeräte und die Einrichtungen für die Flugsicherheit vorgestellt.

Käufer der IL-14P waren die Luftfahrtgesellschaften der meisten sozialistischen Länder, wie z. B. Ungarn, Kuba, Vietnam sowie diverse „Bruderarmeen". Der Preis war auf 2 Mio. Mark (DDR) festgelegt, ist im Verkaufsprospekt jedoch nicht genannt.

Prospekt „Sachsenring", Horch P240

VEB Kraftfahrzeugwerk Horch Zwickau, 1956, Papier
Inv.-Nr. S031-002

Der P240 „Sachsenring" war der erste eigenständig entwickelte Pkw aus Zwickau nach dem Zweiten Weltkrieg. Der Verkaufsprospekt stammt aus dem ersten Produktionsjahr des neuen Oberklassewagens und enthält neben technischen Daten Angaben zu Leistung und Ausstattung des Fahrzeugs. Gut sichtbar auf dem farbigen Druck ist die geflügelte Weltkugel über dem Kühlergrill, doch bereits ohne dem gekrönten „H", dem Horch-Logo, darunter. Im gesamten Produktionszeitraum von 1956 bis 1959 wurden nur knapp 1500 Fahrzeuge hergestellt. Die Auflagenhöhe des Werbeprospektes ist unbekannt.

Postkarte „Deutsche Schiffspost"

Verlag Arthur F. Krüger Hamburg, 1957, Papier
Inv.-Nr. XIII/426

Die vorliegende Postkarte wurde am 20. Dezember 1957 an Bord des Motorschiffs „Dresden" gestempelt und nach Hamburg versandt.

Der Stempel wurde erst an diesem Tag von der zuständigen Oberpostdirektion geliefert und fand bis zum 18. April 1962 Verwendung.

Das 1957 in Bremen für die Reederei HAPAG gebaute Schiff fuhr vor allem auf den Routen nach Südamerika und Australien. Ende 1970 wurde das Schiff verkauft. Es fuhr unter anderen Namen noch bis 1986, danach wurde es in Schanghai abgewrackt.

Auf Fracht- und Passagierschiffen gab es für Besatzungsmitglieder und Passagiere eigene Bordpostämter, die entsprechende Stempel verwendeten. An Bord arbeitete meist ein dafür geschulter Schiffsoffizier, in der Regel der Zahlmeister.

Plakat „Moderne Technik im Verkehrswesen"

Entwurf: Kotter-Jüttner, Verkehrsmuseum Dresden, 1957, Papier
Inv.-Nr. Pl 1

Am 1. Juni 1957 wurde die erste Sonderausstellung im Verkehrsmuseum Dresden eröffnet. Das Blatt hat in der Plakatsammlung bezeichnenderweise die Signatur „Pl 1". Der Umfang dieser Sammlung ist bis heute auf fast 3000 Blätter angewachsen.

Seit 1957 bis Ende der 1980er Jahre waren Grafiker wie Helmut Kotter und Franz Jüttner für die Gestaltung von Plakaten, Handzetteln und Faltblättern zur Eigenwerbung des Verkehrsmuseums zuständig.

Die Sonderausstellung „Moderne Technik im Verkehrswesen" war vier Monate zu sehen und hatte mit 57 000 Besuchern großen Zuspruch gefunden.

Prospekt „Elektrische Eisenbahnen Spur S"

VEB Metallwarenfabrik Stadtilm, 1957, Papier
Inv.-Nr. M S003/001

Die Metallwarenfabrik im kleinen thü-
ringischen Städtchen Stadtilm ging aus
den 1951 enteigneten Metallwerken des
Unternehmers Carl Liebmann (1901–
1972) hervor. Im VEB wurden weiterhin
Spielzeugeisenbahnen hergestellt, aufgrund des hohen Materialeinsatzes jedoch nicht mehr in der Größe Spur 0.
Ab 1956 begann man mit der Herstellung vollkommen neu entwickelter
Eisenbahnen in Spur S mit der Spurweite 22,5 Millimeter (Maßstab 1:60).

Im vorliegenden Katalog wurden zur
abgebildeten Tenderlokomotive einzelne
Personen- und Güterwagen in Ganzme-
tallausführung sowie Gleismaterial angeboten. Zudem versprachen vier ver-
schieden zusammengestellte Sets mit
einer Grundausrüstung ungetrübte
Spielfreude. Obwohl die Bahn immer
ein Nischenprodukt blieb und die Produktion schließlich 1964 eingestellt
werden musste, hat sie bis heute eine
große Fangemeinde.

Luftpostbrief, Erstflugbeleg der Strecke Karl-Marx-Stadt–Dresden

1958, Papier
Inv.-Nr. XIII/448

1957 begann die damalige Deutsche Lufthansa GmbH, aus der später die Interflug hervorging, mit dem Aufbau eines Inlandflugnetzes der DDR. Ausgangspunkt war dabei der Flughafen Schönefeld bei Berlin, von dem aus der Linienflugverkehr nach Leipzig, Erfurt, Dresden und anderen Städten aufgenommen wurde.

Weitere Flugverbindungen der Bezirksstädte untereinander folgten.

Der abgebildete Erstflugbeleg dokumentiert z. B. die Eröffnung der Flugverbindung von Karl-Marx-Stadt (heute Chemnitz) nach Dresden am 3. Mai 1958.

Am Vortag waren bereits die Verbindungen von Karl-Marx-Stadt nach Berlin und Leipzig eröffnet worden.

Der bereits 1926 in Chemnitz eingeweihte Flughafen war für den Flugzeugtyp IL-14 ungeeignet. Er konnte erst mit der Passagiervariante des Agrarflugzeugs An-2 angeflogen werden.

Der Linienflugverkehr nach Karl-Marx-Stadt endete am 31. Oktober 1962, der Flugplatz wurde noch bis 1974 von Sportflugzeugen genutzt. Heute existiert an dieser Stelle nur noch das ehemalige Flughafengebäude mit der früheren „Ikarus-Gaststätte".

Turbinenstrahltriebwerk Pirna 014

VEB Entwicklungsbau Pirna,1959, Stahl, Eisen, Blech
Inv.-Nr. V/674

Als wichtige Voraussetzung für den Erfolg der Luftfahrtindustrie in der DDR wurden die Entwicklung und der Bau von eigenen Triebwerken gesehen. Das sollte vom Import ausländischer Triebwerke unabhängig machen.

Die Strahlturbine Pirna 014 wurde für das Verkehrsflugzeug 152 entwickelt.

Das Triebwerk besteht im Wesentlichen aus einem 12-stufigen Axialverdichter, einer Kombinationsbrennkammer mit 12 Brennköpfen und einer zweistufigen Axialturbine.

Die Pirna 014 absolvierte den ersten Testlauf auf dem Prüfstand am 12. Oktober 1956. Bei den zwei Testflügen der 152/II V4 1960 kamen Pirna 014-Triebwerke zum Einsatz. Das Triebwerk besaß einen Startschub von 32 Kilonewton.

Nach Auflösung der DDR-Luftfahrtindustrie wurden die bereits gefertigten Triebwerke modifiziert und für andere Aufgaben verwendet. Einige setzte die DDR-Volksmarine von 1964 bis 1984 neben Dieselmotoren als Schiffsantrieb zur U-Boot-Jagd ein.

An diesem Triebwerk fehlt hinten die Schubdüse.

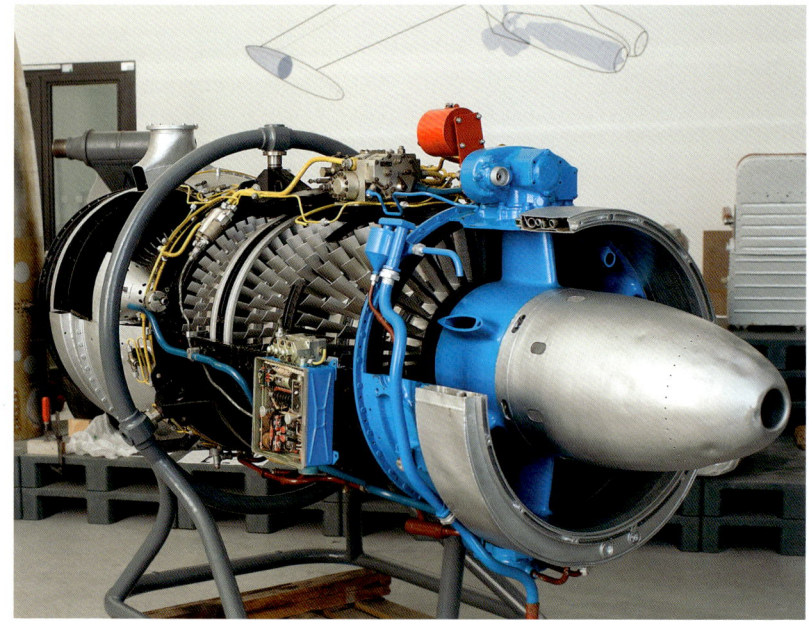

Repräsentations– und Schreibtischmodell Flugzeug 152/II

Maßstab 1:75, um 1958, Holz
Inv.-Nr. V/592

Das repräsentative Modell der 152 stand auf dem Schreibtisch von Dipl.-Ing. Theodor Schmitt, der für Schwingungsuntersuchungen bei den VEB Flugzeugwerken Dresden zuständig war.

Ab 1957 wurde die Entwicklung des strahlgetriebenen Verkehrsflugzeuges in der DDR vorangetrieben. Am 4. Dezember 1958 absolvierte das erste deutsche strahlgetriebene Passagierflugzeug seinen Erstflug.

Dem erfolgreichen Flug folgte am 4. März 1959 ein weiterer Erprobungsflug, der tragisch endete. Das Flugzeug stürzte in der Nähe des Dresdener Flughafens ab. Alle vier Besatzungsmitglieder kamen dabei ums Leben.

Im Rumpf der weiterentwickelten 152/II waren das Cockpit für eine vier-köpfige Besatzung, die Passagierkabine mit Garderobe, der Gepäckraum, die Küchenzeile und zwei Toiletten untergebracht. Im Heck befand sich der Frachtraum. Die Passagierkabine bot je nach Ausführung und Ausstattung 48 bis 73 Personen Platz.

Bereits Ende 1959 begann die Serienfertigung. Am 26. August 1960 glückte dem Prototyp 152/II V4 ein Probeflug. Ein weiterer folgte wenig später. Nachdem technische und organisatorische Probleme zunahmen, die Kosten für den Industriezweig weiter stiegen und keine Kaufinteressenten in Sicht waren, beschloss im Februar 1961 das Politbüro des Zentralkomitees der SED die Auflösung der Luftfahrtindustrie der DDR. Die Produktion der 152 wurde im Mai 1961 eingestellt.

Rumpf des Verkehrsflugzeugs 152/II–011

VEB Flugzeugwerke Dresden,1960, Aluminium
Inv.-Nr. V/353

Wenige Wochen nach dem Ende der DDR-Luftfahrtindustrie 1961 kam die Anweisung zur Vernichtung aller bereits gebauten oder im Bau befindlichen Flugzeuge 152. Fünf Flugzeugrümpfe entkamen damals zunächst der Verschrottung. Der Rumpf mit der Werknummer 011 diente bis 1989 auf dem Flugplatz der Nationalen Volksarmee in Rothenburg, Oberlausitz als Bereitschafts- und Lagerraum.

Der restaurierte Rumpf befindet sich seit 1993 im Besitz des Verkehrsmuseums Dresden und dient als letzter Sachzeuge der DDR-Luftfahrtindustrie.

Kurz nach Übernahme des Exponates in den Museumsbestand konnte über eine Arbeitsbeschaffungsmaßnahme mit der Restaurierung begonnen werden. Als wichtigste Aufgabe mussten die Korrosionsschäden an der Außenhaut behoben werden, eine Folge der jahrelangen Lagerung im Erdreich.

Nach Ausbesserung der Schäden an den Seitenteilen begannen die Ergänzung des Bugteils, der Einbau von Fensterscheiben sowie ein teilweiser Innenausbau. Das Cockpit, ein Teil der Passagierkabine, die Toiletten sowie die Trennwand des Frachtraumes wurden dem Original weitgehend nachempfunden. Als Kompromiss fanden dabei auch Teile anderer Flugzeuge Verwendung.

Bordgeschirr der Deutschen Binnenreederei

VEB Vereinigte Porzellanwerke Colditz, 1970-80er Jahre, Porzellan
Inv.-Nr. III/407

Nach dem Zweiten Weltkrieg vollzog sich der Neuaufbau der Binnenschifffahrt in der DDR unter staatlicher Kontrolle. Am 1. Oktober 1949 wurde die volkseigene Deutsche Schiffahrts- und Umschlagsbetriebszentrale (DSU) gegründet. In den ersten Jahren nach der Gründung betrieb die DSU neben der Schlepp- und Frachtschifffahrt sowie dem Eil- und Stückgutverkehr auch Fahrgastschifffahrt, die später ausgegliedert wurde.

Am 1. Januar 1957 wurde im Rahmen einer Strukturreform der VEB Deutsche Binnenreederei (DBR) gegründet, der bis 1990 für sämtliche Binnenschifftransporte der DDR zuständig war. Ab 1990 wurde die DBR erfolgreich privatisiert.

Als Bordgeschirr wurde auf den Schiffen der DBR das bekannteste Kantinengeschirr der DDR, das Hotelgeschirr „Rationell", im Volksmund auch „Mitropa-Geschirr" genannt, verwendet.

Erste Teile entstanden 1969/70 im VEB Vereinigte Porzellanwerke Colditz.

Das Geschirr war stabil, leicht, stapelfähig, innovativ durch den fallgesicherten Deckel und damit ideal für Schiffe.

Damen-Sportfahrrad „Diamant" Modell 35 253, 28"

VEB Fahrradwerk Elite-Diamant Karl-Marx-Stadt, 1962, Stahl, Aluminium
Inv.-Nr. II/1371

Dieses Luxus-Straßensportrad unterschied sich in der Ausführung deutlich von den einfacheren Modellen. Die Leichtbauweise des Fahrrads erreichte man durch den nahtlosen, extrem dünnwandigen Präzisionsstahlrohr-Rahmen mit Außenmuffen und 28"-Laufrädern mit Leichtmetallfelgen. Moderne Bauelemente wie z. B. die Viergang-Kettenschaltung, Schutzbleche aus Leichtmetall, Felgenbremsen oder die Gestaltung der Lampe ergänzen die moderne Konstruktion. Ausgeliefert wurden diese Fahrräder mit einer langen Aluminium-Luftpumpe.

Bereits seit 1895 werden in den Diamant Fahrradwerken Chemnitz Fahrräder produziert. Damit sind sie die älteste noch bestehende Fahrradfabrik in Deutschland. Nach der Privatisierung 1992 wurde sie Teil einer schweizerischen und seit 2003 einer amerikanischen Firmengruppe.

Grundplatte der Modelleisenbahnanlage mit allen fest stehenden Aufbauten

Dresden, seit 1971, Holz u. a. Materialien
Inv.-Nr. XII/1

An und auf der Modellbahnanlage des Verkehrsmuseums wird seit 1971 gebaut und gefahren. Die Anlage besteht aus einer hölzernen Grundplatte von 7 x 45 Metern und wird von einer Stahlkonstruktion getragen.

Auf der 325 Quadratmeter großen Fläche wurden ca. 625 Meter Gleis der Nenngröße 0 sowie weitere 100 Meter der Nenngröße 0 m verlegt. Zusätzlich befindet sich eine kurze Strecke der Feldbahnspurweite 0f auf der Anlage.

Die Landschaft ist dem Harz und seinem Vorland nachempfunden. Über zehn Brücken rollen die kleinen Züge. Liebevoll gestaltete Gebäude, Wald und Wiesen sorgen für eine abwechslungsreiche Szenerie. Alle Modelle entsprechen der Nenngröße 0 im Maßstab 1:45.

Für den Bahnbetrieb auf der Anlage werden ca. 150 Lokomotiven und Wagen eingesetzt.

Modell des Eisenbahntriebwagens VT18.16 05, 1964

Spur 0, Maßstab 1:45, 1999–2012, Kunststoff, Metall
Inv.-Nr. XII/707

Der Verbrennungstriebwagen VT18.16 war ein Schnellverkehrszug der Deutschen Reichsbahn der DDR.

Von 1963 bis 1968 vom VEB Waggonbau in Görlitz produziert, verkehrte er auf den prestigeträchtigen Strecken im internationalen Verkehr nach Österreich, Schweden und in die Tschechoslowakei.

Als „Vindobona" auf der Strecke von Berlin über Prag nach Wien erlangte der Zug Berühmtheit. Die Baureihe wurde ab 1970 als BR 175, Bauart Görlitz bezeichnet. Die Höchstgeschwindigkeit betrug, abhängig von der Anzahl der Zugteile, 140 bis 160 Kilometer pro Stunde. Der Vindobona-Triebwagenzug verkehrte 1979 letztmalig auf der Strecke nach Wien, danach setzte man aus Kapazitätsgründen lokbespannte Garnituren ein.

Die letzten Züge dieser Art wurden 2003 ausgemustert und sind heute u. a. auf dem Berliner Ostbahnhof und in Chemnitz-Hilbersdorf zu sehen.

Auf der Modellbahnanlage des Verkehrsmuseums Dresden wird der VT18.16 05 als Fünfteiler gezeigt.

Diesellokomotive V 240 001

VEB Lokomotivbau Karl Marx Babelsberg, 1965, Stahl, Eisen
Inv.-Nr. IX/3-11

Die 1965 in Babelsberg für die Deutsche Reichsbahn gebaute sechsachsige Diesellok V 240 001 befindet sich seit 1994 im Bestand des Verkehrsmuseums Dresden. Sie blieb ein Prototyp. Das einzige Exemplar wurde 1964 in Silber mit blauen Zierstreifen auf der Leipziger Frühjahrsmesse präsentiert.

Ursprünglich sollte die Verbrennungslokomotive in die Baureihe V 180 202 eingereiht werden, aufgrund des neu entwickelten Motors wurde sie jedoch als V 240 bezeichnet. Mit dieser neuen Baureihe wollte man den Traktionswandel von Dampf- zu elektrischen oder Diesel-Lokomotiven bei der Deutschen Reichsbahn beschleunigen.

Die 2400-PS-starke Lok war vom Werk für eine Spitzengeschwindigkeit von 140 Kilometern pro Stunde zuge-

lassen. Nachdem das Projekt 1968 abgebrochen wurde, benannte die Deutschen Reichsbahn die Lok in V 118 002 um und reduzierte ihr Tempo auf 120 Kilometer pro Stunde. Diese Baureihe wurde hauptsächlich im Personenverkehr eingesetzt.

Ab 1972 war die ehemalige V 240 001 im Betriebswerk Neustrelitz beheimatet und bis 1991 in Erfurt, Dresden und Kamenz stationiert. Nach der Ausmusterung 1991 setzte man die Lok in der Lehrlingsausbildung im Bahnbetriebswerk Reichenbach im Vogtland ein.

1995/1996 wurde die ursprüngliche Farbgebung wiederhergestellt.

Fotografie „Verschrottung des Straßenbahntriebwagens Tw 809 der Dresdner Verkehrsbetriebe"

Sammlung Martin Metz, Dresden, 1958, s/w Negativ
Inv.-Nr. FS 12181

Schon als Kind begeisterte sich Martin Metz (1916–1982) für die Dresdener Straßenbahnen. Der größte Teil seiner ersten Sammlung zu diesem Thema verbrannte am 13. Februar 1945. Nach eigenen Aussagen rettete er jedoch eine Kiste voller Fotos. Nach dem Zweiten Weltkrieg trug er eine neue Sammlung zusammen, die er später dem Verkehrsmuseum Dresden übergab.

Zu den überlieferten Dokumenten gehören Unterlagen zu Schmalspurbahnen, S- und U-Bahn-Strecken, Berg- und Schwebebahnen sowie Park- und Pioniereisenbahnen.

Auf seine Initiative hin wurden auch die Dresdener Straßenbahnwagen als Traditionswagen 761 und 106 (s. S. 121 und 111) wiederhergestellt.

Martin Metz baute zudem Modelle der Dresdener Straßenbahnwagen, die im Verkehrsmuseum Dresden auf einer eigenen Anlage zu sehen sind.

Fotografie eines Abteilwagens, 1966

Sammlung Günther Fiebig, Dessau, um 1980, Papier, Fotopapier
Inv.-Nr. Th 799

Bereits seit Ende der 1970er Jahre beschäftigte sich Günther Fiebig aus Dessau mit der Geschichte der ca. 135 Klein- und Privatbahnen auf dem Gebiet der ehemaligen DDR. Durch seine Recherchen entstand eine umfangreiche Sammlung von Abbildungen und Dokumentationen zu verschiedensten Lokomotiven und Wagen.

Fiebig veröffentlichte mehrere Bücher und Broschüren, u. a. „Auf der Schiene von Dessau nach Wörlitz" und „Die Zschornewitzer Kleinbahn".

Der 1880 gebaute Werkstattwagen wurde im April 1966 im Bahnbetriebswerk Werdau aufgenommen und ist in der Materialsammlung „Abteilwagen", einer 119 Blatt starken Klemmmappe, enthalten.

Seine Sammlung wurde vom Verkehrsmuseum Dresden erworben.

Schild „Deutsche Post, Postamt"

Um 1970, Metall
Inv.-Nr. XXX/221

Dieses Schild diente der Kennzeichnung von Postämtern der Deutschen Post der DDR. Das Symbol des schwarzen Posthorns mit Blitzen unterschied sich in seiner Gestaltung deutlich von dem bei der Deutschen Bundespost verwendeten Motiv.

Die Bezeichnung „Postamt" stammt noch aus der Zeit, als die Post eine hoheitliche Aufgabe des Staates war.

Mit ihrer Privatisierung 1995 und der Umwandlung in ein privatwirtschaftliches Unternehmen verschwanden die Post-„Ämter". Oft verloren dabei auch die historischen Amtsgebäude ihre Funktion. Heute gibt es meist nur noch kleine Postfilialen sowie die in Drogerien oder Schreibwarenläden eingerichteten Verkaufspunkte mit eingeschränktem Leistungsangebot.

Pkw Prototyp Wartburg 355

VEB Automobilwerk Eisenach, 1968, Metall, Kunststoff
Inv.-Nr. II/962

1966 kam mit dem Wartburg 353 ein verbesserter Pkw mit völlig neuem Fahrwerk und moderner Karosserie auf den Markt. Bereits zwei Jahre später arbeitete man wieder an einer Weiterentwicklung.

Der Prototyp des Wartburg 355 in Coupé-Ausführung von 1968 hatte ein Fließheck und einen Frontmotor, behielt aber Fahrgestell sowie Karosserie-Grundkörper vom bewährten Typ 353. Im Rahmen der Versuchsdurchführung baute man einen Motor von Renault ein. Die Karosserie war größtenteils aus glasfaserverstärktem Polyesterkunststoff gefertigt.

Nach Abbruch dieses Projekts wurde der bisherige Wartburg Typ 353 nahezu unverändert weiterproduziert. Bis 1988 liefen ca. 930 000 Stück vom Band.

Der Wartburg 355 wurde nie in Serie gebaut, einer der wenigen Prototypen befindet sich im Verkehrsmuseum Dresden.

Medaille Verdienter Eisenbahner der DDR

1966 bis 1989, Metall, Stoff
Inv.-Nr. VII/269

Der Titel „Verdienter Eisenbahner der DDR" war eine staatliche Auszeichnung für „hervorragende Leistungen im Eisenbahnwesen", die erstmals 1951 verliehen wurde.

In der ab 1956 geltenden Ausführung zeigte die vergoldete Medaille auf der Vorderseite das Flügelrad als Symbol der Deutschen Reichsbahn, darunter zwei Lorbeerzweige und die Inschrift „Verdienter Eisenbahner". Bis Mitte der 1960er Jahre war darunter auch das Jahr der Verleihung angegeben. Auf der vorliegenden Medaille fehlt die Jahresprägung bereits.

Die Rückseite zeigte das Staatswappen der DDR. Die Medaille wurde zu besonderen Gelegenheiten getragen und erhielt zu diesem Zweck eine rechteckige blaue Spange, in die zwei schwarz-rot-goldene Streifen eingewebt waren. Im Alltag trug man die Interimsspange, die ebenfalls mit blauem Stoff bezogen war und zusätzlich eine vergoldete Miniaturausgabe des Flügelrads zeigte.

Der Ehrentitel wurde bis 1989 meistens am Tag des Eisenbahners, also am zweiten Sonntag im Juni, durch den Minister für Verkehrswesen verliehen.

Uniform eines Kapitäns der Deutschen Seereederei

1980, Wolle
Inv. Nr. X-a/145

Die Deutsche Seereederei (DSR) entstand 1952 in der DDR unter dem Namen VEB Deutsche Seereederei Rostock. Die DSR entwickelte sich rasch zu einem weltweit agierenden Unternehmen, das den Seehandelsverkehr mit der ganzen Welt abwickelte. Mit mehr als 200 Schiffen und 13 000 Mitarbeitern erreichte die DSR 1977 ihre maximale Größe. 1993 wurde sie privatisiert und danach in mehrere kleinere Unternehmen aufgeteilt.

Die Dienstjacke dieser Uniform besteht aus blauem Tuch, Rhomben und goldenen Wappenknöpfen. Am Kragen sind keinerlei Abzeichen zu finden, ebenso gibt es keine Schulterstücke.

Dazu gehören eine gleichfarbige Hose, ein weißes Hemd und eine Mütze mit Eichenlaub und DSR-Nadel.

Die Uniform wurde im Jahr 1980 vom Verkehrsmuseum Dresden angekauft.

Kohlezeichnung „Rennszene auf der Avus Berlin"

Adelhelm Dietzel, Dresden, um 1954, Zeichenkarton, 70 x 40 Zentimeter
Inv.-Nr. Zgb. 396-1/02

Der Dresdener Grafiker Adelhelm Dietzel (1914–2008) stellte in seinen Werken häufig Motorsport-Szenen dar. Die originale Grafik zeigt z. B. ein Rennen auf der Automobil-Verkehrs- und Übungs-Straße „Avus" 1926 in Berlin, bei dem Rudolf Caracciola (1901–1959) auf Mercedes den Großen Preis von Deutschland gewann.

Zahlreiche Sport-Zeitschriften veröffentlichten Zeichnungen und Artikel Dietzels. In den 1960er Jahren lieferte er u. a. künstlerische Vorlagen für Werbekalender der Fluggesellschaft Interflug, den Straßenbahnfahrzeugbau im Auftrag der Gothaer Waggonfabrik oder die Wartburg-Werbeprospekte der DDR-Fahrzeugindustrie.

Ein Teil seines künstlerischen Nachlasses wird im Verkehrsmuseum Dresden aufbewahrt. Diese Sammlung umfasst zahlreiche Originalblätter zu Themen der Mobilität, ausgeführt in Kohle oder Bleistift, veröffentlicht unter Titeln wie „Dann kam das Rad ins Rollen", „Weil uns keine Flügel wuchsen" oder „Auch Wasser hat Balken".

Modell des Motorschiffs „Völkerfreundschaft", 1946

Maßstab 1:100, Holz, Metall
Inv.-Nr. III/244

Das Passagierschiff „Stockholm" wurde 1946 in der Werft Götaverken in Göteborg gebaut und ab 1948 zunächst auf Transatlantikfahrten von der Swedisch America Line eingesetzt. Später wurde es mehrfach umgebaut und umbenannt.

Bereits 1959 trennte sich die schwedische Reederei von diesem Luxusliner. Am 15. Mai 1959 übernahm der Freie Deutsche Gewerkschaftsbund (FDGB) der DDR das Schiff. Es wurde zu einem Einklassenschiff für 568 Passagiere mit 12 442 Bruttoregistertonnen umgebaut und 1960 auf den Namen „Völkerfreundschaft" getauft. Zunächst als FDGB-Urlauberschiff deklariert, ging die „Völkerfreundschaft" 1964 in die Rechtsträgerschaft der Deutschen Seereederei über und war für 21 Jahre, von 1964 bis 1985, ihr Flaggschiff.

Neben Urlauberreisen in die europäischen Ostblockländer und nach Kuba wurde das Schiff auch frühzeitig für Sonderfahrten eingesetzt, so z. B. für Fahrten von Gästen aus Skandinavien zur Ostseewoche nach Rostock oder für einen Staatsbesuch des Vorsitzenden des Staatsrates Walter Ulbricht nach Ägypten 1965. Ab 1966 begann die DSR auch Charteranfragen von Reisebüros bzw. Reedereien westlicher Länder anzunehmen.

Am 29. Januar 1985 stellte die DDR das Schiff außer Dienst und verkaufte es ein halbes Jahr später. Danach fuhr es unter verschiedenen Namen und bei mehreren Reedereien. Seit 2005 heißt das Schiff „Athena".

Schaffnerhemd „Tourex"

Größe 41, 1963, Kunstfaser
Inv.-Nr. X-a/427

Das Hemd war Bestandteil einer Uniform für Schlafwagenschaffner des „Tourex".

Dieser Touristenexpress war ein vom staatlichen Reisebüro der DDR organisierter reiner Touristenzug, der nur Schlafwagen führte. Er verkehrte auf der Strecke von Dresden nach Varna in Bulgarien.

Die angebotenen Pauschalreisen konnte jeder buchen, allerdings standen pro Saison nur 6500 Plätze zur Verfügung. Die bis 1969 eingesetzten Liegewagen wurden zur Sommersaison 1970 zugunsten weiterer Schlafwagen aufgegeben. Für die Verpflegung der Reisenden gab es Speisewagen.

Die Fahrt führte durch die Tschechoslowakei, Ungarn und Rumänien bis an die bulgarische Schwarzmeerküste und dauerte knapp zwei Tage, bei längeren Aufenthalten für Ausflüge in Budapest oder Bukarest drei Tage.

Am 4. Oktober 1989 fuhr der letzte „Tourex" wieder in Dresden ein, die geplanten Reisen der Sommersaison 1990 fielen aufgrund der politischen Wende aus.

Vorläufer des „Tourex" war der Liegewagenzug für Touristen (LTZ), der von 1956 bis 1962 von Berlin nach Varna fuhr.

Das Hemd befindet sich seit ca. 1989 in der Sammlung des Verkehrsmuseums Dresden.

Uniform eines Kapitäns der Interflug

Interflug, Gesellschaft für Internationalen Flugverkehr Berlin, Ost, um 1980, Wolle
Inv.-Nr. X-a/433a–b

1958 entstand die Interflug GmbH als zweite staatliche Fluggesellschaft der DDR für den Charterverkehr. 1963 übernahm die Interflug die bereits 1955 gegründete Deutsche Lufthansa der DDR, die in einen Rechtsstreit mit der westdeutschen Lufthansa verwickelt war.

Bis zu ihrer Liquidierung im Jahr 1991 verfügte sie mit 122 000 Kilometern über ein umfangreiches Streckennetz in die sozialistischen Länder sowie in neutrale Staaten. Gleichzeitig war die Interflug für alle anderen kommerziellen Luftfahrtaktivitäten in der DDR, wie z. B. den Agrarflug zuständig.

Die Interflug-Uniform hat als Rangabzeichen des Kapitäns vier goldene Streifen an den Ärmelaufschlägen mit einem goldenen Stern darüber als Funktionssymbol „1. Pilot". An der Jacke befinden sich außerdem goldene Knöpfe und auf der linken Brusttasche das Abzeichen der Interflug.

Die Uniform wurde dem Verkehrsmuseum Dresden 2012 geschenkt.

30 8 77   Der Rollbock

Radierung „Der Rollbock"

Günter Horlbeck, 1977
Inv.-Nr. Zgb. 3127/08

Der bekannte zeitgenössische Künstler Günter Horlbeck (geb. 1927) stammt aus Reichenbach im Vogtland, wo noch bis 1962 eine Rollbockbahn nach Oberheinsdorf in Betrieb war. Rollböcke waren Schienenfahrzeuge, mit deren Hilfe regelspurige Wagen auf einer schmalspurigen Eisenbahnstrecke befördert wurden, so dass das Umladen von Gütern entfiel.

Vielleicht ließ sich Horlbeck davon inspirieren. Er gab dieses Schienenfahrzeug im abstrakt expressionistischen Malstil innerhalb der Reihe „Profile" wieder. Es zeigt eine Dampflokomotive, die den Rollbock zieht. Im Hintergrund ist die Göltzschtalbrücke zu erkennen.

Horlbeck war bis 1994 an der Hochschule für Bildende Künste in Dresden tätig.

Die Radierung wurde 2008 vom Verkehrsmuseum Dresden angekauft.

Reisezugwagen der Gattung Post me–bII/24,2

Ganz-Mávag Budapest, 1978, Holz, Stahl
Inv.-Nr. IX/4–81

Der Bahnpostwagen mit der Betriebsnummer 51 80 00-43843-3 ist das einzige Fahrzeug der Gattung Post me–bII/24,2, das noch mit kompletter Innenausstattung erhalten ist.

Für den Transport und die Sortierung von Brief- und Paketsendungen unterhielt die Deutsche Post eine Reihe von Bahnpostwagen, in denen mehrere Postbeamte die Briefsendungen bearbeiteten. Meist wurden diese Wagen regulären Reisezügen angehängt. Unter Philatelisten waren Sendungen mit dem speziellen Bahnpoststempel sehr begehrt.

Die Wagen besaßen eine komplette Sortieranlage, in der während der Fahrt die Briefsendungen nach Richtungen sortiert wurden. In speziellen Halterungen hingen Postbeutel, in die die fertigen Briefbündel eingeworfen wurden. Zwei Räume an den breiten Seitentüren waren für Paletten mit Paketen bestimmt. Der Einwurfschlitz an der Seite des Wagens ermöglichte es, eine Sendung direkt beim Postwagen abzugeben.

Dieser Wagen wurde 1978 von der ungarischen Firma Ganz hergestellt und war sowohl bei der Deutschen Post der DDR als auch später noch bei der Deutschen Bundespost im Einsatz.

1997 kam er als Schenkung der Deutschen Post in das Verkehrsmuseum Dresden. Zu Veranstaltungen wird der Wagen heute vom Verein für Sächsische Postgeschichte und Philatelie e. V. betreut.

Modell eines Städteexpress–Zuges der Deutschen Reichsbahn, 1976

J&P Modellbau Dresden, 2008, Metall, Kunststoff
Inv.-Nr. XII/745–749;789

Seit Herbst 1976 verkehrten in der DDR Städteexpress-Züge zwischen den größeren Bezirksstädten und Berlin. Der VEB Waggonwerk Bautzen lieferte dafür 103 Wagen.

Die Ausstattung und der Service der Städteexpress-Züge waren gut, sie hatten eine hohe Reisegeschwindigkeit. Außerdem führten alle Städteexpress-Züge einen Mitropa-Speisewagen mit.

Die Schnellzugverbindung benutzten z. B. Dienstreisende oder auch zur Arbeit nach Berlin delegierte Bauarbeiter.

Die Züge fuhren regelmäßig morgens von den Bezirkshauptstädten nach Berlin und am Nachmittag wieder zurück.

1991 wurden die meisten Städteexpress-Züge als normale D-Züge geführt bzw. ganz gestrichen.

Das Modell zeigt den mit einer Lok der Baureihe 250 bespannten Zug „Elbflorenz", der zwischen Berlin und Dresden verkehrte.

Das Modell befindet sich seit 2008 im Verkehrsmuseum Dresden.

Plakat „Fahrrad und Radfahrer, Streifzug durch 200 Jahre Technik und Mode"

Entwurf: Jürgen Haufe, Verkehrsmuseum Dresden, 1982, Papier
Inv.-Nr. Pl 932

Seit den 1970er Jahren beauftragte das Verkehrsmuseum Dresden bekannte Künstler wie Jürgen Haufe (1949–1999) mit der Gestaltung von Plakaten und anderen Werbedrucken.

Haufe setzte das Thema der Ausstellung, die Entwicklung des Fahrrades und dessen Einfluss auf die Mode, in ein ausdrucksvolles und markantes Plakat um.

Der Künstler gestaltete noch weitere Plakate, u. a. 1977 zum 25-jährigen Jubiläum des Verkehrsmuseums Dresden oder für die Ausstellungen „100 Jahre elektrische Lokomotive" 1979, „Das Verkehrswesen auf Briefmarken" 1981 und „150 Jahre deutsche Eisenbahnen" 1985.

Aufgrund seiner Leistungen als Grafiker, Plakatgestalter und Maler bekam Haufe 1996 eine Professur für Typografie und Buchkunst an der Hochschule für Bildende Künste Dresden.

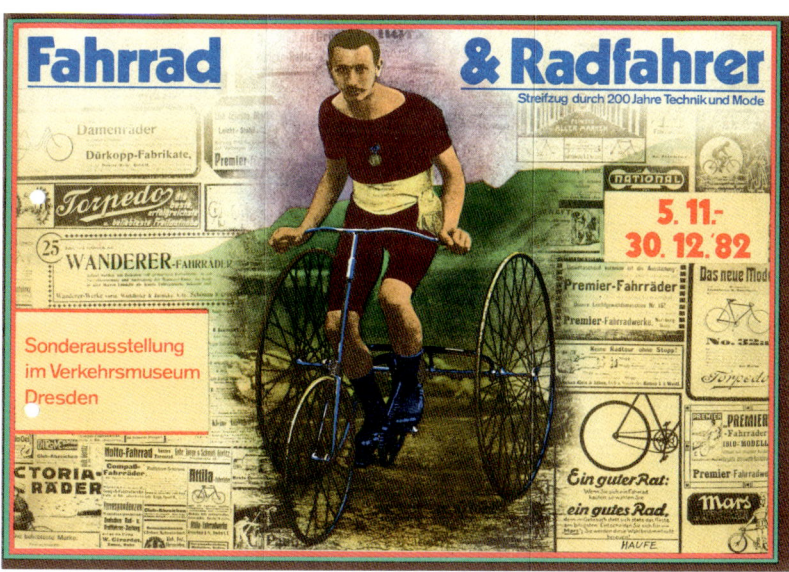

Ansichtskarten von 1945 bis1995

1. Moped „Star", Privatfoto, um 1966, Pappe
Inv.-Nr. Zgb. 788/01-1

2. „Urlauber-Rundflüge, Ostsee" Flughafen Barth, Deutsche Lufthansa der DDR, 1959, Pappe
Inv.-Nr. Pk 4784

3. „Rennpappe" Trabant, Bildverlag Böttger GbR, 1995, Pappe
Inv.-Nr. Zgb. 675/01-34

Auch mehr als 100 Jahre nach der Erfindung der Postkarte wird das Medium noch immer zur Übermittlung von Grüßen genutzt. Gleichzeitig war und ist die Ansichtskarte ein einfaches Reklamemittel mit breiter Wirkung.

Die Deutsche Lufthansa der DDR bot in verschiedenen Orten Rundflüge an, die durch einheitlich gestaltete Postkarten beworben wurden.

Wenn die passenden Motive nicht als Druck vorhanden waren, verwendete man zum Teil private Fotografien, z. B. die Aufnahme des Mopeds Star SR4-2, hergestellt im VEB Fahrzeug- und Jagdwaffenwerk Simson Suhl. Auf den Kartenrückseiten sind häufig Notizen zum damaligen Zeitgeschehen zu finden, wie in diesem Fall zur Ersatzteilsituation um 1966 in der DDR „Keine Federbeine für den Sperber [...]".

Zahlreiche Ansichtskarten wurden noch in neuester Zeit vom Kultauto Trabant publiziert, obwohl die Produktion

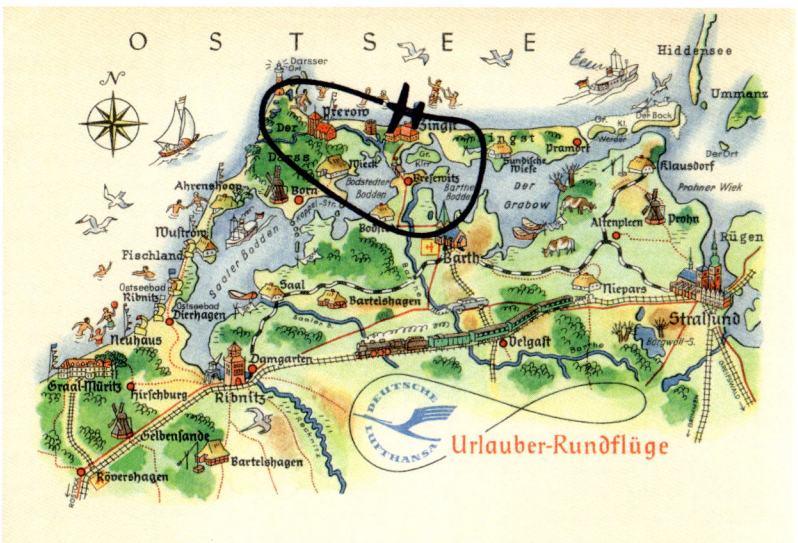

im April 1991 endete. Der abgebildete Trabant 601, gebaut 1989, konnte vor der Verschrottung gerettet werden und ist noch heute mit dem ersten Nach-wende-Kfz-Kennzeichen zugelassen. Das Fahrzeug gehört zur Fahrzeugsammlung der IFA-Freunde Zschopau.

Fotografie „Oberleitungsbus in Potsdam", 30.07.1992

Sammlung „Oberleitungsbus und Straßenbahnverkehr in Deutschland", Klaus Reichenbach um
1920–2007
Inv.-Nr. Zgb. 3146/08

Klaus Reichenbach (1932–2008) trug
eine umfangreiche Sammlung zum
„Oberleitungsbus- und Straßenbahn-
verkehr in Deutschland" zusammen.
Darin dokumentierte er zahlreiche
Streckeneröffnungen und Stilllegungen.

Er veröffentlichte Bilddokumenta-
tionen über den Straßenbahnbetrieb in
Zwickau und Plauen. Reichenbach
arbeitete außerdem an Veröffentlichungen wie dem „Transpress-Straßen-
bahn-Archiv" sowie den Zeitschriften
„Blickpunkt Straßenbahn" und „Stra-
ßenbahn-Magazin" mit.

Die Abbildung zeigt einen der letzten
Obusse der Marke Škoda in Potsdam. In
dieser Stadt bestand das Obus-System
von 1949 bis 1995.

Die Sammlung Reichenbach wurde
dem Verkehrsmuseum Dresden von der
Witwe übereignet.

Rumpfsegment Fairchild Dornier 728

Fairchild Dornier Oberpfaffenhofen, 2002, Aluminium, Kunststoff
Inv.-Nr. V/812

Die Fairchild Dornier 728 wurde als strahlgetriebenes Regionalflugzeug konzipiert und in Oberpfaffenhofen gebaut. Das Flugzeug hatte eine vierköpfige Besatzung und wäre je nach Ausführung für 70 bis 80 Passagiere ausgelegt gewesen.

Als Antrieb dienten zwei Strahltriebwerke General Electric CF34-8D3 mit je 55,6 Kilonewton Schub. Die Reisegeschwindigkeit hätte bei 864 Kilometern pro Stunde und die Reichweite bei 2596 Kilometern gelegen.

Der Roll-out fand im März 2002 statt. Zu einem Erstflug kam es nie, da das Unternehmen vorher Insolvenz anmelden musste. Auch die Übernahme durch eine chinesische Investorengruppe konnte den Untergang des knapp 90-jährigen Unternehmens Dornier 2004 nicht retten. Insgesamt sind nur zwei Prototypen hergestellt worden. Ein weiterer Rumpf diente als Versuchszelle für Strukturtests. Diese statischen Tests sind eine notwendige Voraussetzung zur Zulassung eines Flugzeuges für den Erstflug.

Die Fairchild Dornier 728 war das letzte komplett in Deutschland gebaute Verkehrsflugzeug.

Pkw VW Phaeton 4,2 4Motion

VW Automobilmanufaktur Dresden, 2003, Stahl
Inv.-Nr. II/6963

Mit dem Luxuswagen VW Phaeton 4,2 4Motion von 2003 aus der „Gläsernen Manufaktur" stellt das Verkehrsmuseum den Radschlag vom ältesten zum jüngsten Dresdner Automobilprodukt her.

Der Phaeton ist mit einem Achtzylinder-Viertakt-Ottomotor ausgestattet, die Leistung beträgt 335 PS (246 Kilowatt) bei 6500 Umdrehungen pro Minute. Der Wagen erreicht eine Höchstgeschwindigkeit von mehr als 200 Kilometern pro Stunde. Mit diesem Modell etabliert sich die Volkswagen AG seit 2001 in der Oberklasse. Als Alleinstellungsmerkmal soll dabei die besondere Produktionsweise des Pkws

dienen, der überwiegend in Handarbeit in der „Gläsernen Manufaktur" Dresden gefertigt wird.

Dabei ist das gläserne Werk nicht auschließlich ein Produktionsbetrieb, der besichtigt werden kann, sondern gleichzeitig ein Ort für Kulturveranstaltungen.

Die Anlieferung der Einzelteile erfolgt zum Teil umweltschonend mit einer Güterstraßenbahn, die zwischen einem Logistikzentrum in Dresden-Friedrichstadt und der Fabrik am Straßburger Platz pendelt.

Der Pkw Phaeton kam 2012 in die Sammlung des Verkehrsmuseums Dresden.

Anhang

Literaturempfehlungen

Eisenbahn

Ebel, Jürgen-Ulrich: Sächsische Schnellzuglokomotiven. Freiburg 1997 und 2000

     1. Bd.: Die Gattungen X V, X H1, XII H, XII HV, XII H1 und XVIII H. 253 S.

     2. Bd.: Sachsenstolz. Die Gattung XX HV, Reichsbahnbaureihe 19.0. 207 S.

Ledig, Gustav W./Ulbricht, Johann F.: Die schmalspurigen Staatseisenbahnen im Königreiche Sachsen. Reprint der Ausgabe 1895. Ludwigshafen 2009. 159 S.

Preuß, Erich/Preuß, Reiner: Sächsische Staatseisenbahnen. Berlin 1991. 292 S.

Urban, Eberhard: 175 Jahre deutsche Eisenbahn : Vom Adler 1935 zum ICE heute. Brilon 2010. 125 S.

Walz, Werner: Deutschlands Eisenbahnen. Lokomotiven und Wagen, Geschichte und Organisation, Kritik und Hoffnung. Stuttgart . 325 S.

Straßenverkehr

Dünnebier, Michael: Deutsche Autos. Alle Personenwagen und Nutzfahrzeuge der DDR, mit allen Ostblock-Importfahrzeugen. Stuttgart 2006. 303 S.

Gränz, Paul/Kirchberg, Peter: Ahnen unserer Autos. Eine technikhistorische Dokumentation. 4., unveränd. Aufl. Berlin1981. 231 S.

Papperitz, Frank: Markenware Fahrrad. Dresden 2008. 730 S.

Reese, Karl: Motorräder aus Sachsen. Lemgo 2008. 159 S.

Reiche, Werner/Stück, Michael: Autos die aus Sachsen kamen. Automobilgeschichte Sachsens vom „Coswiga" zum „Trabant". Chemnitz 2012. 204 S.

Runge, Dana u. a.: Emil Hermann Nacke – Sachsens erster Automobilbauer. Biografie und illustrierte Firmengeschichte. Dresden 2007. 208 S.

Schifffahrt

Dünner, Hans-Wilhelm/Knoll, Horst-Christian: 50 Jahre Deutsche Binnenreederei. Hamburg 1999. 184 S.

Müller, Frank/Quinger, Wolfgang: Die Dresdner Raddampferflotte. Hamburg 1995. 133 S.

Pemsel, Helmut: Weltgeschichte der Seefahrt. Hamburg 2000–2006. Bd. 1–4

Schwarz, Bernd/Grötschel, Theodor: Historisches vom Strom. Dampf- und Motorschiffe auf der Elbe. Duisburg, 1997. 317 S.

Heinrich, Fritz: 160 Jahre Volldampf. Aus Geschichte und Gegenwart der Sächsischen Dampfschiffahrts-Gesellschaft. Dresden 1996. 122 S.

Luftverkehr

Brehmer, Lothar/Werner, Jochen: Tragödie 152. Aufbau und Absturz der Luftfahrtindustrie in der DDR.
    Beucha 2010. 112 S.

Flughafen Dresden. Geschichte und Gegenwart der Dresdner Luftfahrt. Dresden 2000. 252 S.

Leichter als Luft – Ballone und Luftschiffe. Bonn 1977. 375 S. (Die deutsche Luftfahrt 26)

Luftfahrt Ost 1945–1990 : Geschichte der deutschen Luftfahrt in der Sowjetischen Besatzungszone
    (SBZ), der Sowjetunion u. der DDR. Bonn 1994. 360 S. (Die deutsche Luftfahrt 22)

Öffentlicher Personennahverkehr

Bauer, Gerhard u. a.: Straßenbahn-Archiv. Berlin 1984–1989. Bd. 1–7

Hendlmeier, Wolfgang: Handbuch der deutschen Straßenbahngeschichte. München 1979 und 1981.
    Bd. 1–2.

Kenning, Ludger/Schindler, Matthis: Obusse in Deutschland. Nordhorn 2009.
    1. Bd.: Berlin, Brandenburg, Mecklenburg-Vorpommern [...] Sachsen-Anhalt, Thüringen, Sachsen.
    271 S.

Modelleisenbahnanlage

Wagner, Botho G.: Die Geschichte der Modellbahn. München 2005. 127 S.

Postgeschichte

Glaser, Hermann/Werner, Thomas: Die Post in ihrer Zeit. Eine Kulturgeschichte menschlicher Kommu-
    nikation. Heidelberg 1990. 368 S.

Holfert, Günter: Dresdner Postgeschichte(n). Boten- und Postwesen einer 800jährigen Stadt. Dresden.
    2006. 218 S.

Uniformsammlung

Henneking, Günther/Koch, Wolfgang: Die Uniform des deutschen Eisenbahners. Freiburg 1980. 304 S.

Müller, Reinhold: Im Dienste Sachsens. Zur Geschichte der Uniform und reglementierten Dienstbeklei-
    dung sächsischer Institutionen. Dresden 2001. 352 S.

Abbildungsnachweis

Archiv der Porzellansammlung Dresden S. 25

Jan Gutzeit S. 96, 101

Barbara Henniger, Berlin und hrsg. vom Verkehrsmuseum Dresden S. 247

Kupferstich-Kabinett, Staatliche Kunstsammlungen Dresden S. 22

Landesamt für Denkmalpflege Sachsen (Bildsammlung) S. 21, 28

LIECHTENSTEIN, The Princely Collections, Vaduz–Vienna, Inv.-Nr. GR2203 S. 13

Bildverlag Böttger GbR Witzschdorf S. 243 unten

Klaus Reichenbach S. 244

Dana Runge S. 23, 24

Rüstkammer, Staatliche Kunstsammlungen Dresden, Fotograf Jürgen Karpinski S. 11

Sächsisches Hauptstaatsarchiv Dresden S. 18

Thomas Schlegel S. 58

Igor Semechin Umschlag vorn, S. 6, 8/9, 38, 50, 52, 56/57, 61, 70/71, 72, 104/105, 78, 79, 81, 82, 83, 84, 86, 87, 90, 98, 102, 108, 107, 110, 109, 111, 113, 112, 114, 116, 117, 125, 120, 123, 124, 134, 135, 137, 140, 141, 142, 142/143, 144, 147, 148, 152, 153, 158/159, 164, 171 unten, 172, 174, 175, 179, 181, 184, 185, 187, 190, 191, 199, 201, 202/203, 210, 211, 212, 213, 217, 221, 220, 223, 225, 224, 227, 231, 235, 238, 239, 245, 246, 248, 250

SLUB/Deutsche Fotothek S. 26, 28

SLUB/Deutsche Fotothek, Fotograf Walter Möbius S. 27

Verkehrsmuseum Dresden gGmbH S. 2, 14/15, 35, 37, 40, 41, 42, 44, 45, 46, 47, 51, 53, 63, 68, 74/75, 76, 80, 85, 88/89, 93, 94, 95, 97, 99, 100, 103, 105, 106, 115, 118, 119, 121, 122, 126, 127, 128, 129, 130, 131, 132, 133, 136,138, 139, 145, 146, 149, 150, 151, 154, 155, 156, 157, 160, 163, 165, 166, 167, 168, 169, 171 oben, 170, 173, 176, 177, 178, 180, 182, 183, 186, 189, 188, 192, 194, 195, 193, 196, 197, 198, 200, 207, 208, 209, 214, 215, 216, 218, 219, 222, 226, 228, 229, 230, 232, 233, 234, 236, 237, 240, 241, 242, 243 oben, 204

Rainer R. Vetter Umschlag hinten

Exponate in der Ausstellung

Von den im Buch vorgestellten Exponaten sind die hier aufgelisteten Objekte derzeit (1. Januar 2013) im Verkehrsmuseum Dresden zu sehen:

Eisenbahn

Nachbau der Dampflokomotive „Saxonia", 1839 S. 96
Bahnhofsglocke vom Bayerischen Bahnhof in Leipzig S. 97
Dampflokomotive „Muldenthal" S. 101
Hofsalonwagen 447 „Mathildenwagen" S. 110
Dampflokomotive 99 535, Gattung Sächsische IV K S. 124
Streckenläutewerk der Königlich Sächsischen Staatseisenbahnen S. 126
Modell der Elstertalbrücke S. 142/143
Modell des Eisenbahntriebwagens VT18.16 05, 1964 S. 226

Luftverkehr

Ballonmotiv „Montgolfière" auf einer Stuhllehne, 1783 S. 87
Modell des Flügelluftschiffs mit Lenkvorrichtung von Baumgarten, 1879 S. 107
Modell des Luftschiffs LZ 4,1908 S. 141
Sammlerlöffel mit Zeppelinmotiv S. 142
Eindecker von Hans Grade S. 146
Gnôme Double Omega 14-Zylinder-Umlaufmotor S. 147
Nachbildung eines Fliegerinnenkostüms, 1910 S. 148
Modell der Luftschiffhalle Kaditz mit Luftschiff LZ 17 „Sachsen", 1913 S. 154
Flugzeug Super Aero 45 S. 213
Turbinenstrahltriebwerk Pirna 014 S. 220
Repräsentations- und Schreibtischmodell Flugzeug 152/II S. 221
Rumpfsegment Fairchild Dornier 728 S. 245

Münzen und Medaillen

Abzeichen des Königlich Sächsischen Vereins für Luftschiffahrt S. 139

Schifffahrt

Modell einer Hansekogge, um 1350 S. 78
Modell des Kettenschleppdampfers No. 1, 1866 S. 103
Modell eines Elbfloßes, um 1880 S. 104/105
Elbkette der Kettenschifffahrt S. 108
Modell des Schnelldampfers „Augusta Victoria", 1888 S. 112
Modell des Küstenrettungsbootes „Reichspost" mit Transportwagen, 1887 S. 113
Reisekoffer eines von der „Titanic" geretteten Mädchens S. 152
Modell des Motorschiffs „Völkerfreundschaft", 1946 S. 235

Straßenverkehr

Impressum

Stadtmuseum Dresden
Sächsische Museen · Band 22

Herausgeber
Sächsische Landesstelle für Museumswesen
Direktorin: Katja Margarethe Mieth
Schloßstraße 27, 09111 Chemnitz
Telefon: (03 71) 26 21 23 0, Fax: (03 71) 26 21 23 10
info@slfm.smwk.sachsen.de
www.museumswesen.smwk.sachsen.de; www.sachsens-museen-entdecken.de

Verkehrsmuseum Dresden gGmbH
Museumsdirektor: Joachim Breuninger
Augustusstraße 1, 01067 Dresden
Telefon: (03 51) 8 64 41 00, Fax: (03 51) 8 64 41 10
info@verkehrsmuseum-dresden.de
www.verkehrsmuseum-dresden.de

Autoren
Beiträge von Mitarbeitern des Verkehrsmuseums Dresden:
Dana Runge, Joachim Breuninger, Sven Bracke, Thomas Giesel, Ulrike Krautz, Norbert Kuschinski, Götz Ulrich Penzel, Martina Richter
Fotografen: Dr. Igor Semechin, Dresden; Hartmut Mauch, Mitarbeiter Verkehrsmuseum Dresden

Bibliografische Information Der Deutschen Bibliothek
Die Deutsche Bibliothek verzeichnet diese Publikation in der Deutschen Nationalbibliografie; detaillierte bibliografische Daten sind im Internet über http://dnb.ddb.de abrufbar.

Redaktion: Dana Runge, Dresden
Titelfoto: Familienbesuch im Verkehrsmuseum 2011
Umschlag Rückseite: Pkw Simson Supra SO, Simson & Co. Suhl, 1925
Satz, Layout: Janos Stekovics, Hans-Jürgen Paasch
Gestaltung, Layout, Gesamtherstellung: VERLAG JANOS STEKOVICS
Straße des Friedens 10, 06193 Wettin-Löbejün OT Dößel
Telefon: (03 46 07) 2 10 88, Fax: (03 46 07) 2 12 03
steko@steko.net; www.steko.net